保育所、認定こども園の園長に役立つ

指導監査を保育の質につなげるガイドブック

和田挙明 著

中央法規

はじめに

私は現在、東京都中央区役所にて、指導検査と巡回指導*を保育の質向上につなげる仕組みづくりを担当しています。元々は民間事業者として、認可・認可外保育所の運営に携わっていました。そのときは指導検査を実施される立場だったわけですが、指導検査を実施する側になり、気づいたことがあります。

それは、どちらもよい保育所をつくりたいと思っているということです。

保育の質を高めるためには、人材が重要なカギになります。その人材の中心にいるのが、園長です。

しかし、これだけ保育施設が急増したら、園長になる方は準備期間もなく大変です。特に運営に関する基準などは、保育者としての長い経験があれば習得できるとは限りません。その知識を補う環境を整えることが必要です。事業者まかせではなく、行政も一緒に環境を整える必要があると感じます。

本書では、保育者が認可保育所・認定こども園の園長になる際に必要とされる、運営に関する重要なポイントを指導検査の観点でまとめました。

指導検査で確認する内容は、子どもや保護者、職員のために必要だと考えられている基準に基づいており、認可保育所や認定こども園は、その基準を守る前提で認可を受けています。指導検査の結果、指摘がないということは、子どもを安心して預けてもらうための最低基準を守っている施設である証です。すべての園がその状態を目指せるように、本書が少しでもお役に立てることを願っています。

最後になりますが、子どもや保護者のために、少しでもよい環境をつくろうと日々がんばっている保育士、保育補助、看護師、栄養士、調理師、事務員、用務の皆さま全員に感謝しています。いつも本当にありがとうございます。

和田挙明

*指導検査…児童福祉法に基づく指導検査と、子ども・子育て支援法に基づく指導検査があるが、中央区が実施するのは子ども・子育て支援法に基づくもの。特定教育・保育施設に対して実施して、運営基準や施設型給付費の請求に関する事項等についての周知徹底、過誤・不正の防止を図る。東京都では、国の通知における「指導監査」に代えて「指導検査」という呼称を用いている。
巡回指導…私立認可保育所および認定こども園等を訪問し、子どもの安全確保、保育の質向上を図るために実施される。

Contents

Chapter

1

園長に求められること

Section 1
ゴールド免許を目指す

保育所等の園長は、園という車を運転するドライバーです。交通ルールは施設を運営するために守るべき基準になります。交通ルールを知らない園長が運転する車に乗りたい子どもや保護者はいるでしょうか？　交通ルールは知っていても、ルールを守っていない園長の車に乗りたい子どもや保護者はいるでしょうか？

どの園でも、子どものために、保育の質を上げるために、さまざまな工夫や努力をしています。それは評価されるべきことです。

しかしそれは、運転でいえば運転技術に過ぎません。まずは交通ルールを守りましょう。子どもや保護者に安心して乗車してもらうために交通ルールを知り、守ってください。それが認可という免許を得た園の園長としての責任です。

Section 2

知っている≠できている

指導検査で指摘を受ける園の特徴として、「基準は知っているけれども、自園には反映されていない」ケースが多くあります。それは、説明を聞いて「うんうん」と納得して終わっていたり、「前はいいといわれた」と安心しているためです。

そうした園では、説明を受けた内容について、自園で具体的に確認したり、新たに必要なものを作成することをしません。保育に限ったことではありませんが、どんな研修でも「知った」後が大切です。

理解して、自園で実践する

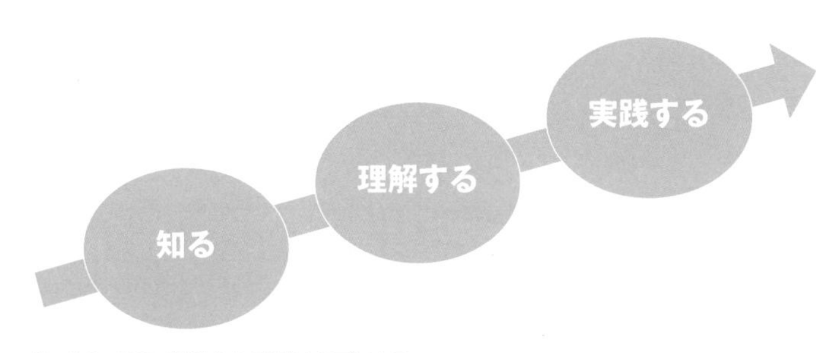

fig. 1.1 知る・理解する・実践するプロセス

せっかく知った内容でも、活かせるかどうかは園長次第です。知ることと園で実践することは違います。指導検査は事業者がサポートしてくれるケースが多いと思いますが、自分事としてとらえ、行動を起こしてください（**fig. 1.1**）。

Section 3
基準(ルール)の理解

認可保育所、保育所型認定こども園に対する指導検査は、認可施設としての基準を満たしているかどうかを確認するために実施します。その基準は、福祉諸法をはじめ、労働基準法、男女雇用機会均等法、消防法、保育所保育指針、食品衛生法など多くあります。

それらを内容別に大きく分類すると「運営管理」「保育内容」「会計経理」に分けることができます。本書では「運営管理」に焦点をあてていますが、その理由は保育者を長く務めても習得しにくい内容だからです(**fig. 1.2**)。

また、指導検査における文書指摘の多くが「運営管理」で占められていることもあります。

本書を活用して「運営管理」の知識を補填し、質の向上を心がけましょう。

指摘事項	件数
保育士が適正に配置されていない	52
避難訓練及び消火訓練を毎月実施していない	27
調理・調乳担当者の検便を適切に行っていない	26
在籍児に見合う面積が不足している	11
施設長が専任となっていない	8
その他：他の拠点区分への貸付を年度内に補填していない、現金出納帳・小口現金出納帳が未作成　等	90
合　計	214

運営管理

保育内容

会計経理

fig. 1.2　指導検査における主な指摘事項／出典：東京都福祉保健局「令和2年度 認可保育所講習会資料」126頁を一部改変*

*――令和2年度 東京都認可保育所講習会資料

Section 4
視座

筆者の経験では、園の勤務経験が長いことが園長の条件とされている印象があります。これは重要な観点の一つですが、ベテラン保育者＝園長になる準備ができている人というわけではありません。

なぜならば、保育者と園長では視座が異なるためです（**fig. 1.3**）。保育者として見ていた、考えていたことに加え、園長として見るべき、考えるべきことが出てきます。たとえるならば、園長には3つの顔が必要だと考えます。それは、「施設長」「管理職」「保育サービス提供責任者」です。

それぞれの顔について、園長として押さえておきたい内容を説明します。 ///

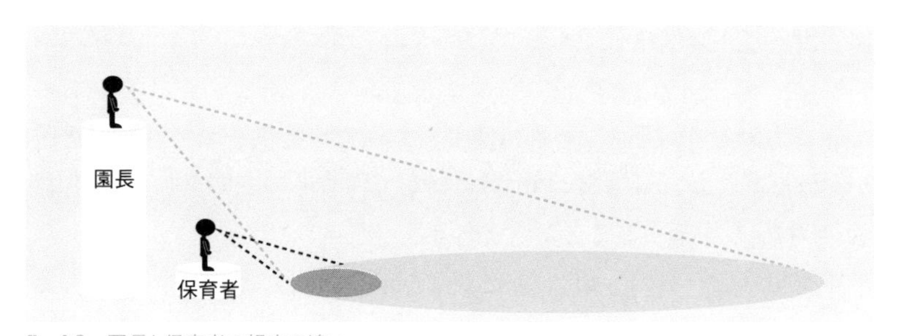

fig. 1.3　園長と保育者の視座の違い

Section 5
3つの顔

施設長

“ハコ”の責任者というイメージです。園児管理や保育所を事業所と考え、その建物自体の管理を中心とした業務です。収支管理も該当します。

管理職

職員のマネジメントを中心とした業務です。採用、育成、職員との面談、人員配置や健康管理なども含みます。

保育サービス提供責任者

保育方針を作成して、それに基づいた保育が提供されているかどうかを確認したり、入園時に利用者に対して保育所の説明をしたり、保護者(利用者)と面談することが含まれます。

本書ではこれらの分類から、必要な基準を説明します。///

Chapter

2

施設長の役割

Section 1
必要面積の確保

2.1.1 | 備品購入に際して

想定されるシーン

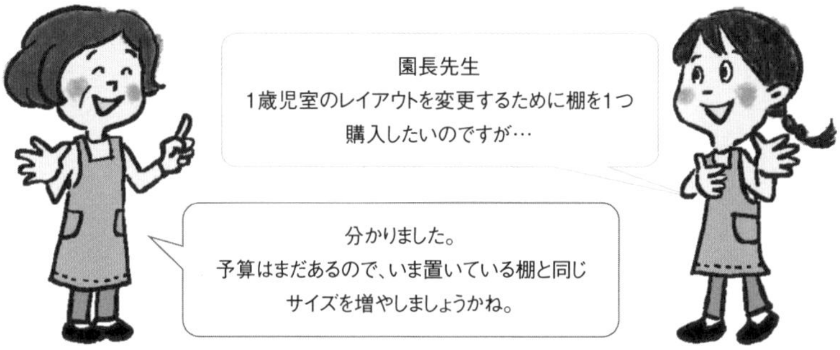

fig. 2.1　保育室に新たにモノを置く場合

担任の保育者（特に低年齢のクラス）は、子どもの発達に応じて、室内のレイアウト変更を検討する機会が多くあります。備品を購入する場合、承認する立場の園長は、価格を中心に考えることが多いのではないでしょうか。

「保育室に新たにモノを置く」場合、子どもの保育環境に影響があります。その理由は、置く“モノ”の種類によって、子どものための保育スペース（面積）を減らしてしまうという考え方があるためです。ですから「保育室に新たにモノを置く」場合は、子どもの安全を確保する視点での判断が必要です（**fig. 2.1**）。

それでは、どのような影響があるのか、子どものために必要な保育スペース（面積）の基準についてみていきましょう。

2.1.2 | 子ども1人に必要な面積

面積基準とは、子ども1人が眠る、遊ぶ、食べるなどに最低限必要なスペースはどのくらいの広さかを示したものです。子ども1人に必要な面積は、年齢によって2つに分かれます。

クラスに必要な面積は、「定員」か「在籍」の多いほうの人数に、年齢

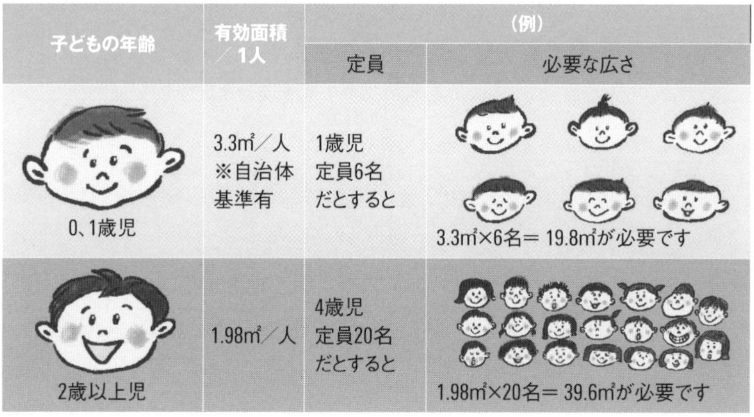

子どもの年齢	有効面積／1人	(例)	
		定員	必要な広さ
0、1歳児	3.3㎡／人 ※自治体基準有	1歳児 定員6名 だとすると	3.3㎡×6名＝19.8㎡が必要です
2歳以上児	1.98㎡／人	4歳児 定員20名 だとすると	1.98㎡×20名＝39.6㎡が必要です

fig. 2.2　面積基準の考え方

別の必要な面積をかけて算出します。注意すべきポイントは、「有効面積」の考え方です。クラスに必要な面積は、「有効面積」で確保する必要があります。この有効面積の考え方が少し複雑ですので、解説していきます（**fig. 2.2**）。

table 2.1　面積基準比較表

	国基準	東京都認可	事業所内		東京都認証（A型）	認可外
			定員20人以上	定員19人以下		
乳児室（0、1歳児）	1.65㎡/人	3.3㎡/人	1.65㎡/人	3.3㎡/人	3.3㎡/人	1.65㎡/人
ほふく室（0、1歳児）	3.3㎡/人		3.3㎡/人			
保育室（2歳児以上）	1.98㎡/人	1.98㎡/人	1.98㎡/人	1.98㎡/人	1.98㎡/人	

面積基準は上記のように運営形態や自治体によって異なります。自園の守るべき基準を確認してください。

2.1.3 | 保育に使えるスペースかどうか

有効面積とは、保育に有効な面積です。言い換えると、保育に使える面積かどうかです。

fig. 2.3では、壁の内側の面積は28.29㎡。収納や絵本棚などが置かれている場所は保育に使えないので、その面積を引いた有効面積が23.42㎡あると書かれています。*

置く“モノ”の種類によって、この場所は保育に使えるスペースなのか、判断に迷うことがあると思います。その際には、自治体に確認するようにしましょう。

＊――1歳児定員は6名なので、必要面積は19.80㎡。23.42㎡-19.80㎡=3.62㎡の余剰があることになる。

2.1.4 | 有効面積の判断基準例

基本的には、子どもが園で生活する際に使用するモノかどうかが判断材料です。棚や電子ピアノなどキャスターが付いているものだとし

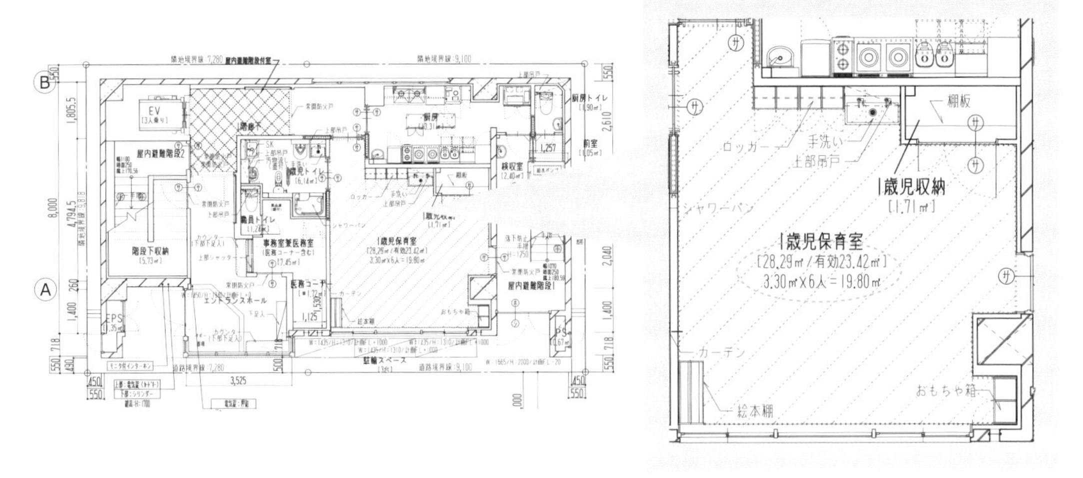

fig. 2.3　図面の段階での確認
認可申請などで提出される実際の図面でどのように表記されているのか、確認します。

ても、常時保育室内に設置する場合、面積から引く必要があります（**fig. 2.4**）。キャスターが付いているかどうかだけが判断基準になるわけではないので注意してください。

・保育に使えない（常時設置している以下の備品）

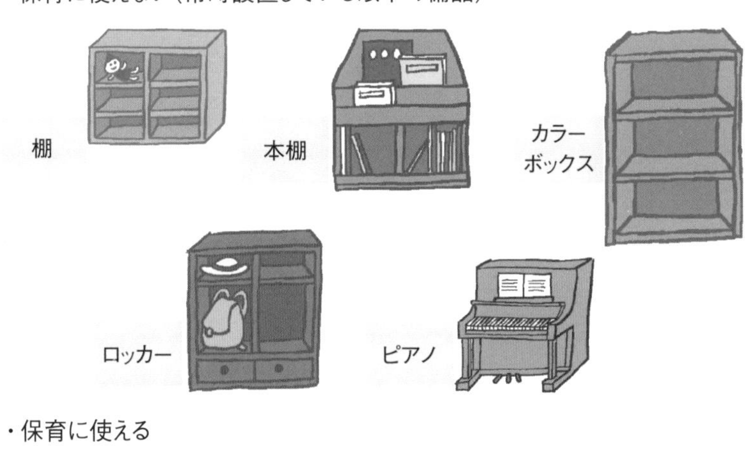

・保育に使える

・保育に使える
（一日のうち特定の時間帯のみ保育を目的として配置するもの）

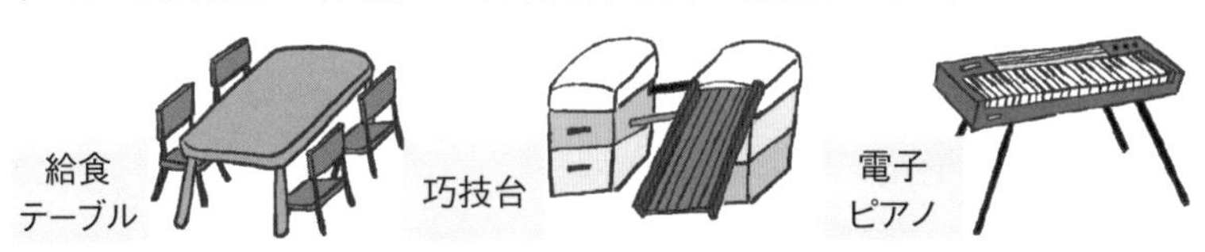

fig. 2.4　面積に含む・含まないの判断基準

2.1.5 | 収納棚設置の留意点

収納棚は、保育に使えないモノになります。そのため、保育室に設置する収納棚を1台購入した場合、その面積分が有効面積から引かれると考えてください。

保育に使えないモノでも、整理整頓やコーナーづくりなど、安全・環境・衛生面で収納が必要なこともあるので、購入してはいけないということではありません。

しかし、購入する際には、

・保育に使えるモノか

・子どもに必要なスペースが確保できるのか

を忘れずに確認しましょう。特に、新規開設園は注意が必要です。保育室の面積について、収納を後から設置することを想定していないケースがあるためです。備品を増やすことが、子どもに必要なスペースに影響を与える可能性があることを理解しましょう(**fig. 2.5**)。

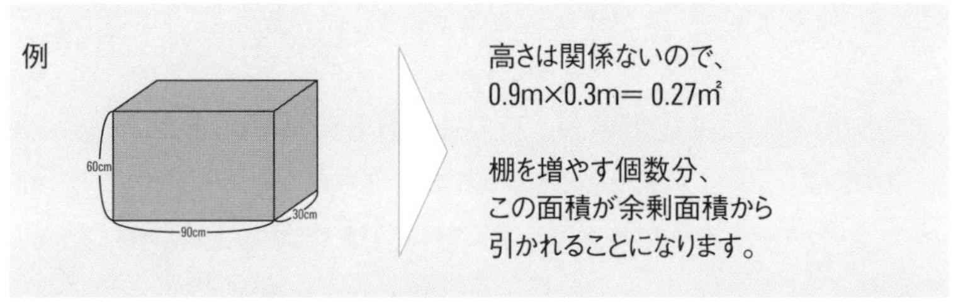

fig. 2.5　収納棚の考え方

2.1.6 | 吊戸棚

「吊戸棚」とは、壁や天井に直接取り付けられた棚のことです。園ではあまり収納スペースを確保できませんが、吊戸棚を設置することで空間を利用することができます。

この吊戸棚と、その下のスペースに収納を設置しているケースが多くありますが、下の収納を移動してしまう保育所を時々見かけます(**fig. 2.6**)。この場合は注意が必要です。それは、収納を分割する(保育に使えない面積が2倍になる)という扱いになる場合があるからです。そうすると、新たに収納を購入したわけではないのに、有効面積が減少します。

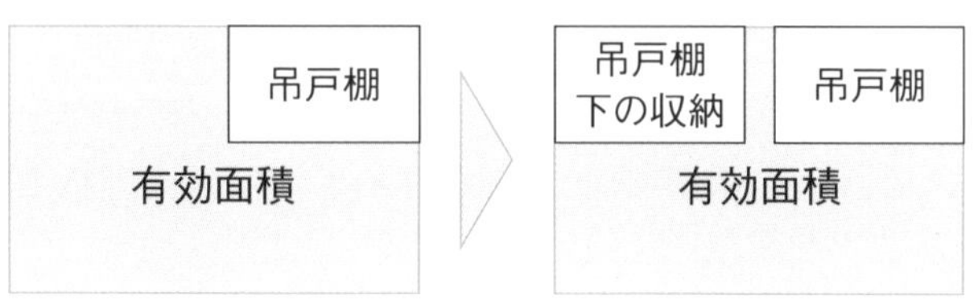

fig. 2.6 吊戸棚の考え方

吊戸棚の下の収納を移動する際には、有効面積に影響がないのか確認したうえで、実施するようにしてください(東京都の場合、床から180cm以上上部に取り付けられているものは有効面積に含めることができる)。

Section 2

建物設備等の管理

2.2.1 | 保育所で必要な安全点検の具体例

対象	対策
棚や什器、ピアノ 空気清浄機	転倒防止 （金具等による固定）
棚の上などに置かれた 加湿器等 ラジカセ トイレ棚の薬品	落下防止 （滑り止め等）
エレベーター、小型昇降機 出入口ドア開閉ボタン	進入防止策 （児童の手の届かない位置に鍵を設置するなど）
保育室の窓、ベランダ、階段等	転落防止 （窓の近くやベランダに足がかりとなるようなものを置かない）
避難経路	障害物を置かない
カーテンコード	窒息防止 （首に引っかからないようにまとめる等）
画鋲、ピン、マグネット	誤飲防止

fig. 2.7　安全点検一覧

Casestudy **1**
ベネッセ勝どき保育園（東京都中央区）

リスクマネジメント委員会の開催と事業継続計画（BCP）作成

BCPを作成して訓練を行っている保育所として、ベネッセ勝どき保育園の事例を紹介します。

○リスクマネジメント委員会

ベネッセスタイルケアでは、全園でリスクマネジメント委員を任命しており、そのメンバーは園長・主任・看護師・専門リーダー・副主任等が担っています。各園、委員が主体となって、毎月１回リスクマネジメント委員会を開催し、事故の再発防止策の検討や運用ルールの確認、ヒヤリハットの蓄積と運用、災害時の備え等、園内のリスクマネジメントにかかわる仕組みやその運用を考えています。

また、年に3回、全園のリスクマネジメント委員が集まる、リスクマネジメント定例会もあり、他園の事例共有やグループワーク等で園同士の交流も行っています。定例会に参加した委員が、「他園の事例は自園でも起こりうるもの」と感じ、園内で情報共有を行ったことで、実際にリスク回避につながった事例もありました。

○事業継続計画（BCP）作成

2021（令和3）年度、ベネッセ勝どき保育園では、事業継続計画（BCP）作成、散歩ルート見直し、公園の安全確認および散歩時のルール確認等の取組みを実施しました。BCP作成にあたっては、実際に災害が起こったときの各所・各担当の動きや避難ルートや備蓄品の確認をスタッフ全員で行いました。特にBCPを使用して行った「災害時のシミュレーション練習」では、新任者・経験者も含め、全員で目線合わせをしたことで、今後の課題発見にもつながりました。

具体的には、保育者役・子ども役に分かれ、実際の災害時と同じように、地震や火災、台風、津波、停電等のさまざまな災害を想定し、発生した際に、誰が何を担当するのか、どんな役割があるのか、どこに何を報告すればよいのかを、体を実際に動かして確認しました。

保育に直結する活動を多く実施することができ、園内研修など全職員に活動内容を共有する機会をつくれたため、今後は、改めて園内のヒヤリハットを蓄積し、PDCAサイクルを回しながら、勝どき保育園の“安全管理力”を全員でより強化してゆくことを目指しています。

ベネッセの保育園

災害時対応ガイドライン

BCP（事業継続計画）

ベネッセ勝どき保育園

2022Ver

目次

Casestudy **2**
あい保育園水天宮（東京都中央区）

ヒヤリハット訓練の取組み

ヒヤリハットを記録して、再発防止のために職員間で話し合いをする園は少なくないと思います。あい保育園水天宮では、ヒヤリハットをもとに訓練まで実施していますので、その内容を紹介します。

○年間計画表

午睡中の事故（SIDS）、誤飲、外遊び中の失踪、プールなど、保育中のよくある一場面や、ニュースで取り上げられている事故を題材にしています。

○実施方法

職員会議や昼の時間に職員研修として、各クラスから参加できる職員はなるべくみんな参加して実施しています。

毎月担当クラスが事前にレジュメを作成し、それをもとにデモンストレーションを行ったり、看護師の作成した資料をもとに、けがの対処法を実践したりしています。

また、再発防止の観点から、どうしてこうなってしまったのか？　と要因の分析を行い、意見を発表します。

○日々の取組み

毎月の訓練だけでなく、毎日の昼礼時間に看護師が「きょうのヒヤリハット」をヒヤリングしています。ヒヤリハットの感覚は人それぞれなので、いろいろな人の感覚を伝え合えるようにするためにも全クラス発表します。そうすることで危険を予知する力が高まり、事故やけがが起こりそうな環境を起こらない環境に変えるように対策しています。

保育所は多くの職員で運営しているので、非常時にはチームで動くことが必要です。そのためには、重大事故を予防するためにも、実践形式での訓練を重視している保育所です。

令和4年度　あい保育園水天宮　避難訓練年間計画書

月	時間	ねらい	想定	避難場所	実施方法	担当クラス
4月	10:00	放送を聞き、保育者の近くに集まる。（0、1歳児は職員からの安否報告のみ）	給食室より出火	エレベーターホールに避難する **中階段**	火災発生→通報→放送→子ども達を保育者の近くに集める。 職員は給食室の火の初期消火にあたる。 消火確認後、避難する。	りす
5月	10:00	放送が流れたら静かに指示を聞かなくてはならないことを知る。 地震のときは頭を守る。 備蓄食料のことを知る。	地震後、給食室より出火	エレベーターホールに避難する **中階段**	地震発生→机の下や布団の下へ→出火→消火活動→エレベーターホールへ避難する。	ひよこ
6月	10:00	泣き叫んだりせず、災害時は落ち着いて放送に耳を傾けられるようにする。	地震後、給食室より出火	エレベーターホールに避難する **外階段**	地震発生→給食室より出火→消火訓練→避難指示→避難	うさぎ
	11:00	不審者訓練。園内に不審者が侵入した場合、指示に従い安全な場所に移動するなど安全確保の方法を知る。不審者対応について学び、正しい集団避難ができるようにする。	園内に不審者が侵入する	各保育室	不審者に気付く→園長が放送（園バスが来ました）→主任が通報→各保育室の鍵を閉める→子どもを保育者の近くに集める→男性保育者が不審者対応にあたる。	幼児
7月	15:30	引渡し訓練 緊急時における子どもの安全確保と保護者、地域との連携をスムーズに行うための訓練	地震後、給食室より出火	蛎殻公園	火災発生→非常ベル、放送→避難指示→避難場所を掲示しておき、保護者は場所を確認し、子どもと合流。	ひよこ
8月	10:00	放送が流れたら静かに指示を聞く。 地震の時は頭を守る。 備蓄食料のことを知る。	地震後、給食室より出火	エレベーターホールに避難する **中階段**	火災発生→通報→放送→子ども達を保育者の近くに集める。 職員は給食室の火の初期消火にあたる。 消火確認後、避難する。	りす
9月	14:30	午睡中の避難の仕方について知り、落ち着いて行動できるようにする。	地震後、給食室より出火	エレベーターホールに避難する **外階段**	火災発生→通報→放送→子ども達を保育者の近くに集める。 職員は給食室の火の初期消火にあたる。 消火確認後、避難する。	うさぎ
10月	10:00	防災訓練教室で消防士の方から放送を聞き、頭を守って避難する。	消防士の方と避難する	箱崎第2公園	地震→火災発生→放送→保育者の指示に従い箱崎第2公園へ避難。職員は消火訓練を見学し、消防士の話を聞く。	幼児
	10:00	不審者訓練。園内に不審者が侵入した場合、指示に従い安全な場所に移動するなど安全確保の方法を知る。不審者対応について学び、正しい集団避難ができるようにする。	園内に不審者が侵入する	各保育室	不審者に気付く→園長が放送（園バスが来ました）→主任が通報→各保育室の鍵を閉める→子どもを保育者の近くに集める→男性保育者が不審者対応にあたる。	ひよこ
11月	10:30	保育者のそばに集まり、静かに放送を聞き、頭を守って避難する。	地震後、給食室より出火	エレベーターホールに避難する **中階段**	火災発生→通報→放送→子ども達を保育者の近くに集める。 職員は給食室の火の初期消火にあたる。 消火確認後、避難する。	りす
12月	10:30	散歩中の避難訓練	散歩中に地震発生	蛎殻町公園にて指示があるまで待機	散歩中地震発生→給食室出火→電話にて避難指示→蛎殻町公園で待機→電話にて保育園に戻るよう指示	うさぎ
1月	10:00	保育者のそばに集まり、静かに放送を聞き、頭を守って避難する。	地震後給食室より出火	エレベーターホールに避難する **中階段**	朝の合同保育中に地震、火災発生→非常ベル→消火→避難	幼児
2月	18:45	予期しない災害に備えて落ち着いて行動する。	予期しない状況下で地震、火災発生	エレベーターホールに避難する **中階段**	延長保育中の避難の仕方を知る。リーダー保育士は毅然とした態度で指示をしっかり出し子どもたちを安全に避難させる。	ひよこ
3月	8:25	登園時でも指示を聞き、速やかに避難する。（近くにいる保育者の指示に従う）	登園時間の訓練	エレベーターホールに避難する **中階段**	朝の合同保育中に地震、火災発生→非常ベル→消火→避難	りす

行事実施計画書・報告書

園長	主任

（提出日）R 4年 5月12日

行事名	ヒヤリハット訓練 公園への置き去り	実施責任者	井野
行事のねらい 目的	置き去りが発生した際に迅速に対応できるように対応の仕方を知る。	担当者	うさぎ
連絡事項・その他			
日　時	令和　4　年　5　月　17　日（火） 13　時　30　分	・場所 ・行き先	一階職員室前
参加クラス	全クラス	準備物	なし

時間	プログラム	内容・環境構成	準備物
11:00 **変更点→**	・園児の置き去り発生 （公園から帰ってきた際に1人いないことに気づく） 【職員A】 ・園長・主任へ連絡　←**担任** ・警察への連絡 ・保護者への連絡　・**区**　）←**園長** ↓ ・現場まで移動して子どもを探す （保育士A、園長、主任等） ・子どもの安全を確保して、けが等ないか確認する ・安全な経路で帰園する 【職員B】 ・他児を安全な場所へ移動 反省 ・公園の危険な場所を見つけ次第共有する。 ・園外チェック表の記入は必ず名前で行う。 ・土曜の園外活動表を作る。	・状況を知る保育士が場所などの詳しい状況を連絡する。 （失踪した子の服装、最後に確認した場所） ・子どもが道路や別の施設に行っている可能性も考慮して複数人で探しに行く。発見次第すぐに園長・主任、警察、保護者に連絡する。 ↑**担任** ・**区** ↑**園長** ・子どもが不安にならないように落ち着いて保育室まで誘導する。	・園外バック ・児童票

2.2.2 | 子ども目線でのイメージ

fig. 2.8　大人と子どもの目線での違い

2.2.3 | 建築物および建築設備の定期検査

園舎に老朽化や設備の不備があると、大きな事故や災害につながるおそれがあります。適切な維持管理が事故を未然に防ぐことにつながります。そのため建築基準法に、建物や設備を定期的に調査・検査し、報告することが定められています。これは、消防法に基づいた消防設備点検とは別です。

子ども、保護者、職員の安全のためにこのような制度があることを把握しておきましょう。4項目ありますが、いずれも専門業者に点検を依頼することになります。

建物を検査することになるので、テナントとしてビルに入っている場合は、ビルの管理会社が実施します（**fig. 2.9**）。

	特定建築物定期調査	防火設備定期検査	建築設備定期検査	昇降機等定期検査
内容	建物の維持管理状況などを調べます(外壁、屋上、床、天井など)	防火扉や防火シャッターがきちんと機能するかを調べます	建築設備がきちんと機能するかを調べます(換気設備、排煙設備、非常灯など)	エレベーターやダムウェーターが安全かを調べます
報告頻度	3年に1回報告	1年に1回報告	1年に1回報告	1年に1回報告
その他	特定建築物の場合のみ必要※	特定建築物の場合のみ必要※	特定建築物の場合のみ必要※	昇降機等がない保育所は不要

※特定建築物となる保育所とは以下のどちらかの場合です。
・床面積が300㎡を超える保育所(平屋建てで500㎡未満のものを除く)
・3階以上の階で保育所の床面積の合計が100㎡を超える保育所

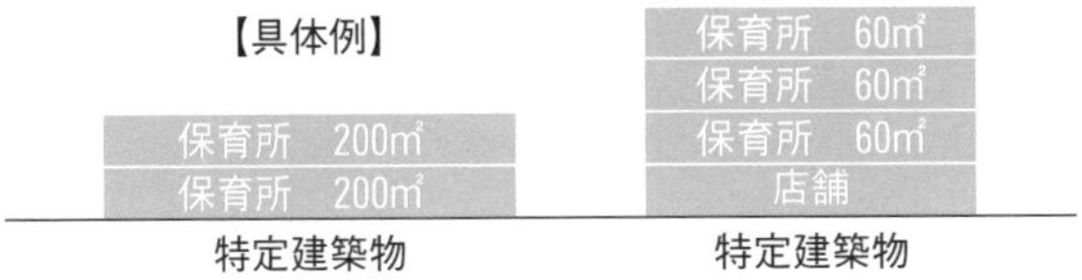

fig. 2.9　定期調査・検査の種類

2.2.4 | 定期検査報告フォーマット

建築関係や消防関係の書類は多く、分類が難しいと思います。以下に掲載したフォーマットを参考に、どの書類が何の調査のためのものか判別してみましょう(fig. 2.10.1 ~ fig. 2.10.4)。

第三十六号の二様式（第五条関係）（Ａ４）

定期調査報告書
（第一面）

建築基準法第１２条第１項の規定による定期調査の結果を報告します。この報告書に記載の事項は、事実に相違ありません。

特定行政庁　　　様

年　月　日

報告者氏名

調査者氏名

【１．所有者】
【イ．氏名のフリガナ】
【ロ．氏名】
【ハ．郵便番号】
【ニ．住所】
【ホ．電話番号】

【２．管理者】
【イ．氏名のフリガナ】
【ロ．氏名】
【ハ．郵便番号】
【ニ．住所】
【ホ．電話番号】

【３．調査者】
（代表となる調査者）
【イ．資格】
（　　）建築士　　（　　）登録第　　号
特定建築物調査員　　第　　号
【ロ．氏名のフリガナ】
【ハ．氏名】
【ニ．勤務先】
（　　）建築士事務所　（　　）知事登録第　　号
【ホ．郵便番号】
【ヘ．所在地】
【ト．電話番号】
（その他の調査者）
【イ．資格】
（　　）建築士　　（　　）登録第　　号
特定建築物調査員　　第　　号
【ロ．氏名のフリガナ】
【ハ．氏名】
【ニ．勤務先】
（　　）建築士事務所　（　　）知事登録第　　号
【ホ．郵便番号】
【ヘ．所在地】
【ト．電話番号】

【４．報告対象建築物】
【イ．所在地】
【ロ．名称のフリガナ】
【ハ．名称】
【ニ．用途】

【５．調査による指摘の概要】
【イ．指摘の内容】□要是正の指摘あり（□既存不適格）　□指摘なし
【ロ．指摘の概要】
【ハ．改善予定の有無】□有（　　年　月に改善予定）　□無
【ニ．その他特記事項】

※受付欄	※特記欄	※整理番号欄
年　月　日		
第　　号		
係員氏名		

fig. 2.10.1　特定建築物定期調査報告書

第三十六号の八様式（第六条関係）（Ａ４）

定期検査報告書
（防火設備）
（第一面）

建築基準法第12条第３項の規定により、定期検査の結果を報告します。この報告書に記載の事項は事実に相違ありません。

特定行政庁　　　様

年　月　日

報告者氏名

検査者氏名

【１．所有者】
【イ．氏名のフリガナ】
【ロ．氏名】
【ハ．郵便番号】
【ニ．住所】
【ホ．電話番号】

【２．管理者】
【イ．氏名のフリガナ】
【ロ．氏名】
【ハ．郵便番号】
【ニ．住所】
【ホ．電話番号】

【３．報告対象建築物】
【イ．所在地】
【ロ．名称のフリガナ】
【ハ．名称】
【ニ．用途】

【４．検査による指摘の概要】
□要是正の指摘あり（□既存不適格）　□指摘なし

※受付欄	※特記欄	※整理番号欄
年　月　日		
第　　号		
係員氏名		

fig. 2.10.2　防火設備定期検査報告書

第三十六号の六様式（第六条、第六条の二の二関係）（Ａ４）

定期検査報告書
（建築設備（昇降機を除く。））
（第一面）

建築基準法第12条第３項の規定により、定期検査の結果を報告します。この報告書に記載の事項は事実に相違ありません。

特定行政庁　　　様

年　月　日

報告者氏名

検査者氏名

【１．所有者】
【イ．氏名のフリガナ】
【ロ．氏名】
【ハ．郵便番号】
【ニ．住所】
【ホ．電話番号】

【２．管理者】
【イ．氏名のフリガナ】
【ロ．氏名】
【ハ．郵便番号】
【ニ．住所】
【ホ．電話番号】

【３．報告対象建築物】
【イ．所在地】
【ロ．名称のフリガナ】
【ハ．名称】
【ニ．用途】

【４．検査による指摘の概要】
【イ．指摘の内容】　□要是正の指摘あり（□既存不適格）　□指摘なし
【ロ．指摘の概要】
【ハ．改善予定の有無】　□有（　　年　月に改善予定）　□無
【ニ．その他特記事項】

※受付欄	※特記欄	※整理番号欄
年　月　日		
第　　号		
係員氏名		

fig. 2.10.3　建築設備定期検査報告書

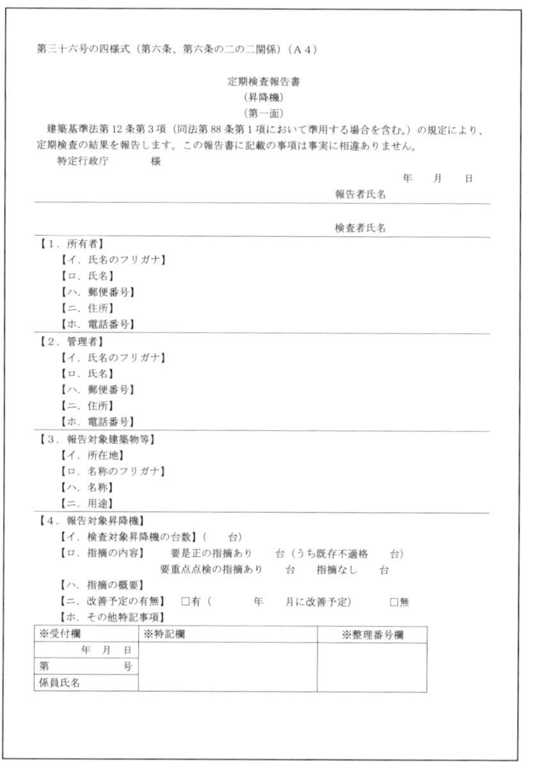

第三十六号の四様式（第六条、第六条の二の二関係）（Ａ４）

定期検査報告書
（昇降機）
（第一面）

建築基準法第12条第３項（同法第88条第１項において準用する場合を含む。）の規定により、定期検査の結果を報告します。この報告書に記載の事項は事実に相違ありません。

特定行政庁　　　様

年　月　日

報告者氏名

検査者氏名

【１．所有者】
【イ．氏名のフリガナ】
【ロ．氏名】
【ハ．郵便番号】
【ニ．住所】
【ホ．電話番号】

【２．管理者】
【イ．氏名のフリガナ】
【ロ．氏名】
【ハ．郵便番号】
【ニ．住所】
【ホ．電話番号】

【３．報告対象建築物等】
【イ．所在地】
【ロ．名称のフリガナ】
【ハ．名称】
【ニ．用途】

【４．報告対象昇降機】
【イ．検査対象昇降機の台数】（　台）
【ロ．指摘の内容】　要是正の指摘あり　　台（うち既存不適格　　台）
要重点点検の指摘あり　　台　指摘なし　　台
【ハ．指摘の概要】
【ニ．改善予定の有無】　□有（　　年　月に改善予定）　□無
【ホ．その他特記事項】

※受付欄	※特記欄	※整理番号欄
年　月　日		
第　　号		
係員氏名		

fig. 2.10.4　昇降機等定期検査報告書

Section 3
災害対策

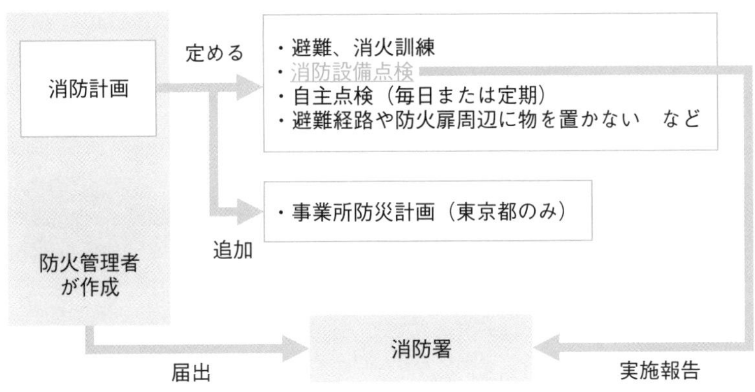

fig. 2.11　消防法による消防計画の作成（すべての保育所で作成）

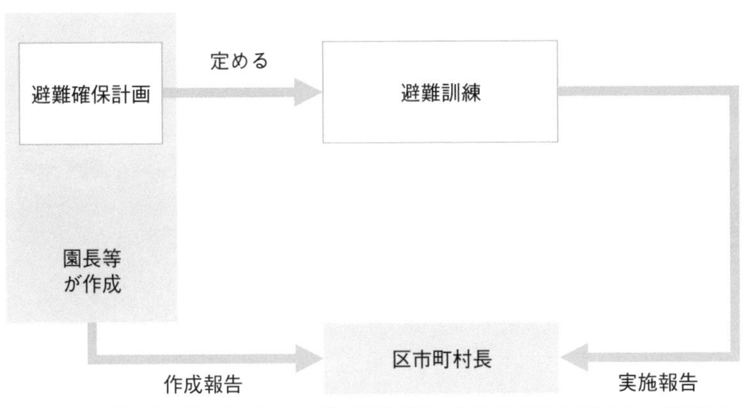

fig. 2.12　水防法・土砂災害防止法による避難確保計画の作成（区市町村で定められた場所にある保育所で作成）

2.3.1 | 防災訓練等

何のために避難訓練するの?

防災訓練は、法令や基準で決められているから実施していると考えていませんか。間違いではありませんが、防災訓練とは「子どもと職員を災害から守るため」に実施します。頭では理解していても、それだけでは「知っている」に過ぎません。子どもたちを守るために、あらゆる想定で実施をして、どのような状況でも対応できる状態を目指し続ける必要があるのです。同じような場面で繰り返し訓練するだけでは、実際に災害が発生した時に動くことができないでしょう。

食事中の防災訓練の様子(提供:まちのてらこや保育園)

table 2.2　実施すべき災害対策訓練

訓練名	頻度	ポイント
避難訓練	月1回以上	・実際に園外への避難を実施すること(年度当初で新入園児が多くても実施すること) ・地震想定訓練も実施すること
消火訓練	月1回以上	・消火器の場所を確認することは消火訓練ではない ・初期消火訓練が必要(後述)
通報訓練	努力義務	・全職員が自園の場所を消防に的確に伝えられること ・関係各所への連絡先一覧が、すぐに確認できる場所にあること ・1秒でも早い対応を訓練で身につけること
引渡し訓練	年1回以上	・連絡体制や引渡し方法など、日頃から保護者と連携すること

※原則として、訓練は全職員が参加して実施する

NGな訓練

以下、実際の災害時に効果的ではない訓練をあげてみました。

・出火想定場所がいつも調理室になっている
・訓練の日は、必ず園長がいる
・消火担当、通報担当など、担当者が毎月固定されている
・避難訓練の前には、収納場所からヘルメットが出されている
・いつも平日の日中に訓練を実施している
・看護師、栄養士、調理師が訓練に参加しない
・訓練の日はいつも晴れている
・自園の立地を考えた訓練(洪水浸水、土砂災害など)をしていない

一つでも該当する場合は、目的のための実践ができているとはいえません。災害が起こると、誰もが動揺します。日頃の訓練で実践的な訓練をしているかどうかによって、いかなる状況下でも迅速で適切な対処ができるかが分かれます。

訓練内容詳細　避難訓練

実際に避難することが重要であり、図面上だけの訓練はNGです。階段などの避難経路を使って、安全な場所まで避難してみることのほかに、避難器具などの使い方を覚えます(**fig. 2.13**)。

出火場所を変えて避難誘導してみましょう。

放送を聞いて、避難方向を指示しよう。煙を吸わないように呼びかけよう。

fig. 2.13　避難訓練のポイント　出典:東京消防庁

訓練内容詳細　消火訓練

出火して間もなく、火が回らないうちに鎮火を目指す消火作業を「初期消火」と呼びます。消火器の使い方も、職員全員で確認しておきましょう。(**fig. 2.14**)

①火事を知らせる

②消火活動

③現場から避難する

fig. 2.14　初期消火の流れ　ALSOK『火災を防ぐ初期消火の方法』(HPコラム)より引用

訓練内容詳細　通報訓練

通報訓練は、子どもの安全管理上、とても重要です。1秒でも早い救急車要請が、子どもの命を救う可能性を高めます。自園の所在地の説明など、誰でもできるようにしておきましょう。

一刻を争う状況では、必要な情報を簡潔に伝えることが大切です。

(1)「救急」であることを伝えます。

(2) 救急車に来てほしい住所を伝えます。

(3) 具合の悪い人の症状を伝えます。

避難訓練の様子（提供:スリースター保育園）

この際、誰が、どのように、どうなったかを簡潔に伝えてください。わかる範囲で、意識や呼吸の有無なども伝えます。

(4) 具合の悪い人の年齢を伝えます。

(5) 通報した人の名前と連絡先を伝えます。

そのほか、急病やけがの状況や持病の有無、普段服用している薬、かかりつけ病院などを尋ねられることがあります。その際はわかる範囲で答えましょう。

必要に応じて、電話で応急手当の指導があります。そのため、固定電話ではなく、携帯電話や子機を使って、子どもの近くで連絡できるようにしましょう（fig. 2.15）。

★訓練のポイント　相手にはっきり伝えよう!

周囲に知らせる
非常ベルを押す。

模擬119番通報をしてみよう。

内線電話を活用する。

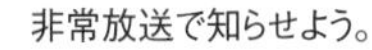

非常放送で知らせよう。

▶送り手と受け手を決めてやってみよう!
▶訓練で119番する場合は消防職員の立会いが必要です。

▶放送文例を準備しておこう。
▶放送設備の使い方を覚えよう。

fig. 2.15 「119」番で救急車を要請するときのポイント／出典:東京消防庁

訓練内容詳細　年間計画

不審者対応訓練を災害対策として、避難訓練の代わりに実施しているケースが多くあります。しかし、不審者対応訓練は災害対策とは別のものとして計画するようにしましょう（**table 2.3**）。

table 2.3　年間計画の例

実施月	実施内容			実施月	実施内容		
4月	避難訓練	消火訓練		10月	避難訓練	消火訓練	
5月	避難訓練	消火訓練	通報訓練	11月	避難訓練	消火訓練	不審者訓練
6月	避難訓練	消火訓練		12月	避難訓練	消火訓練	
7月	避難訓練	消火訓練		1月	避難訓練	消火訓練	通報訓練
8月	避難訓練	消火訓練		2月	避難訓練	消火訓練	
9月	避難訓練	消火訓練		3月	避難訓練	消火訓練	

訓練内容詳細　実施結果記録

訓練の記録は、必要最低限の内容を書けばよいです。その際、他人が見ても何を行ったのかがわかるように記録しましょう。記入漏れが起こらないように、各園ではさまざまなフォーマットを作成しています（**table 2.4**、**table 2.5**）。

2.3.2 | 防火対策

園では、布製品に防炎商品を使用する必要があります。制作で多くの布を使ったり、目隠しで布を使ったり、クッション材を敷いたり、意外と多くの場所で布を使用していることでしょう。

仮に火災が発生した場合、防炎加工された製品を使用していることで、子どもや職員のリスクが軽減されます（**fig. 2.16**）。

table 2.4　防災訓練実施結果記録書の例／提供:ベネッセ勝どき保育園

防災訓練　実施結果記録書

2022.3 ver

園名(　　　　　　　　　　　　　　　　　　　　　　　　　　　　　)

				補足
実施日	年　　月　　日			毎月20日までに実施
開始時間	時　　分(所要時間:　　分)			延長保育や土曜などの時間も想定して実施すること
訓練目標				年間計画より転記
災害(防災)種別	□火災 □震災 □水害(年1回以上)			消火訓練・避難訓練は、毎月の実施が必須
訓練項目と参加人数		園児数	職員数	自治体の水害防災計画に該当する園は毎年一回以上の水害に関する避難訓練の実施・自治体への結果報告が必須
	□消火訓練 (毎月必須)	名	名	※不審者訓練は別途実施が必要 ※東京都の園は、年1回以上、引取訓練を含んだものを行うこと ※職員は全員参加が必要。ただし、電話番など必要最低限の職員は残ってOK ※応急救護訓練は、三角巾やAEDの使い方や、ケガをした人等の搬送の方法を身につける訓練
	□避難訓練 (毎月必須)			
	□不審者訓練 (年1回以上)			
	□引取訓練 (年1回以上)			
	□通報訓練			
	□応急救護訓練			
	□その他(　　)			
訓練概要及びその状況	消火訓練概要(必ず初期消火についての記載をする※毎月実施)			※訓練内容を具体的にイメージできるように記載すること ※消火訓練には初期消火についての記録が必須 ※避難訓練は、避難行動を伴う必要があるため、部屋や玄関に集まるのみはNG ※誘導係とは、避難時に出火箇所を避け、煙等の被害を被る恐れがない経路を選択し、大きな声でどこからどこへ避難するかを指示する係。子どもを誘導する人ではない。
	避難訓練概要			
	役割分担 (職員名を記入)	消火(　　) 通報伝達(　　)	誘導(　　)	
	出火発生場所	□調理室 □近隣施設	□保育室 □他(　　)	調理室以外からの出火の想定もすること
	避難場所			避難経路に物を置かない
	使用した消火器			
全体の評価・反省				
次回への申し送り				次回の訓練への改善ポイントなど。
転倒・落下防止	□安全確認	カーテン、絨毯、装飾布など	□防炎確認	防災訓練時に確認
記録作成者		園長確認印		園長は内容を確認すること

table 2.5　避難訓練・消火訓練記録簿／提供：ほっぺるランド日本橋堀留町

実施日	年 月 日 曜日	天候		園長		担当	
発生時間							

訓練の想定	ねらい		
	災害・訓練の種類 □火災 □地震 □水災害 □不審者 □引き渡し訓練 □その他 想定場所（場所・震度・内容 等）	避難場所	
		所要時間	分 秒

各分担任務	ベル・通報		参加人数	0歳児クラス	名
	児童誘導者			1歳児クラス	名
	消 火			2歳児クラス	名
	避難車			3歳以上児	3歳 名／ 4歳 名／ 5歳 名
	非常持出し			合計	名
	呼びかけ		保育士	その他	合計
			人	園長 人 看護師 人 事務 人 調理 人 保育補助 人 他 人	人

消火訓練	◆必ず毎回行う事◆	担当者	実施後の反省及び今後への具体的対策	
	消火器の場所確認			
	消火器の使用方法確認			
	消火訓練模擬操作			
	消火器有効期限の確認	期限: 年 月		
	＜消火訓練の具体的な内容等を記載＞ ※どこで、誰が、どのような場面を想定して、何を行ったのか等。			

反省及び感想欄	0歳児クラス	
	1歳児クラス	
	2歳児クラス	
	3歳以上児	
	全体	

布製アコーディオン1

布製アコーディオン2

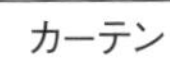
カーテン

天蓋

目隠し1
目隠し2
目隠し3
目隠し4
目隠し5

目隠し

カバー

ジョイントマット

fig. 2.16 防火対策製品の一例

2.3.3 | 保安設備(消防設備点検)

①業者に依頼するもの

消防設備については、消防法に基づいた点検が義務づけられています(**fig. 2.17**、**fig. 2.18**)。

機器点検、総合点検の対象は「建物に設置されている全ての消防用設備等」です。戸建ての園は園単体の点検になりますが、ビルのテナントとして運営されている園では、すべてのフロアやテナントが点検の対象となるので、ビルの管理会社が実施することになるでしょう。なお、総合点検は結果を消防署に報告する義務があります。

fig. 2.17　総合点検

① 業者に依頼	② 職員で実施
機器点検 半年に１回 外観又は簡易な操作による確認をする点検	自主点検 保育所で定めた消防計画に基づく点検
総合点検 １年に１回 実際に消防設備を作動させ、総合的な機能を確認する点検	
さらに、保育所は防火対象物なので →	報告 １年に１回 点検結果を消防署に報告

fig. 2.18　消防設備点検の依頼の流れ

②職員で実施するもの

自主点検における点検項目は、消防計画で自園が決めている内容になります。消防計画を見て、点検内容や頻度を確認してください（**table 2.6**）。

2.3.4 | 帰宅困難者対策

2011（平成23）年に発生した東日本大震災以降、帰宅困難者対策を消防計画（事業所防災計画）に追加することになりました。

大規模地震発生時には、救命･救助活動、消火活動、緊急輸送活動等の応急活動を迅速･円滑に行う必要があります。東日本大震災では、大量の帰宅困難者が徒歩等により一斉帰宅を開始した結果、緊急車両の通行の妨げ、大混乱で二次災害のリスクが高まりました。

このような混乱を回避することにあわせて、帰宅困難者自身の安全を確保することも重要です。ですから、大規模地震発生時においては、「むやみに移動を開始しない」という一斉帰宅抑制の基本原則を徹底す

table 2.6　自主点検チェック表／出典:東京消防庁

自主点検チェック表「消防用設備等」

実施設備	確認箇所	点検結果
消火器 （　年　月　日実施）	(1) 設置場所に置いてあるか。	
	(2) 消火薬剤の漏れ、変形、損傷、腐食等がないか。	
	(3) 安全栓が外れていないか。安全栓の封が脱落していないか。	
	(4) ホースに変形、損傷、老化等がなく、内部に詰まりがないか。	
	(5) 圧力計が指示範囲内にあるか。	
屋内消火栓設備 泡消火設備 （移動式） （　年　月　日実施）	(1) 使用上の障害となる物品はないか。	
	(2) 消火栓扉は確実に開閉できるか。	
	(3) ホース、ノズルが接続され、変形、損傷はないか。	
	(4) 表示灯は点灯しているか。	
スプリンクラー設備 （　年　月　日実施）	(1) 散水の障害はないか。（例．物品の集積など）	
	(2) 間仕切り、棚等の新設による未警戒部分はないか。	
	(3) 送水口の変形及び操作障害はないか。	
	(4) スプリンクラーのヘッドに漏れ、変形はないか。	
	(5) 制御弁は閉鎖されていないか。	
水噴霧消火設備 （　年　月　日実施）	(1) 散水の障害はないか。（例．物品の集積など）	
	(2) 間仕切り、棚等の新設による未警戒部分はないか。	
	(3) 管、管継手に漏れ、変形はないか。	
泡消火設備 （固定式） （　年　月　日実施）	(1) 泡の分布を妨げるものがないか。	
	(2) 間仕切り、棚等の新設による未警戒部分はないか。	
	(3) 泡のヘッドに詰まり、変形はないか。	
不活性ガス消火設備 ハロゲン化物消火設備 粉末消火設備 （　年　月　日実施）	(1) 起動装置又はその直近に防護区画の名称、取扱方法、保安上の注意事項等が明確に表示されているか。（手動式起動装置）	
	(2) 手動式起動装置の直近の見やすい箇所に「不活性ガス消火設備」「ハロゲン化物消火設備」「粉末消火設備」の表示が設けてあるか。	
	(3) スピーカー及びヘッドに変形、損傷、つぶれなどはないか。	
	(4) 貯蔵容器の設置場所に標識が設けてあるか。	
屋外消火栓設備 （　年　月　日実施）	(1) 使用上の障害となる物品はないか。	
	(2) 消火栓扉の表面には、「消火栓」又は「ホース格納庫」と表示されているか。	
	(3) ホース、ノズルに変形、損傷はないか。	
動力消防ポンプ設備 （　年　月　日実施）	(1) 常置場所の周囲に、使用の障害となるような物がないか。	
	(2) 車台、ボディー等に割れ、曲がり及びボルトの緩みがないか。	
	(3) 管そう、ノズル、ストレーナー等に変形、損傷がないか。	
自動火災報知設備 （　年　月　日実施）	(1) 表示灯は点灯しているか。	
	(2) 受信機のスイッチは、ベル停止となっていないか。	
	(3) 用途変更、間仕切り変更による未警戒部分がないか。	
	(4) 感知器の破損、変形、脱落はないか。	
ガス漏れ火災警報設備 （　年　月　日実施）	(1) 表示灯は点灯しているか。	
	(2) 受信機のスイッチは、ベル停止となっていないか。	
	(3) 用途変更、間仕切り変更、ガス燃焼機器の設置場所の変更等による未警戒部分がないか。	
	(4) ガス漏れ検知器に変形、損傷、腐食がないか。	
漏電火災警報器 （　年　月　日実施）	(1) 電源表示灯は点灯しているか。	
	(2) 受信機の外形に変形、損傷、腐食等がなく、ほこり、錆等で固着していないか。	
非常ベル （　年　月　日実施）	(1) 表示灯は点灯しているか。	
	(2) 操作上障害となる物がないか。	
	(3) 押しボタンの保護板に破損、変形、損傷、脱落等がないか。	
放送設備 （　年　月　日実施）	(1) 電源監視用の電源電圧計の指示が適正か。電源監視用の表示灯が正常に点灯しているか。	
	(2) 試験的に放送設備により、放送ができるか確認する。	
避難器具 （　年　月　日実施）	(1) 避難に際し、容易に接近できるか。	
	(2) 格納場所の付近に物品等が置かれ、避難器具の所在が分かりにくくなっていないか。	
	(3) 開口部付近に書棚、展示台等が置かれ、開口部をふさいでいないか。	
	(4) 降下する際に障害となるものがなく、必要な広さが確保されているか。	
	(5) 標識に変形、脱落、汚損がないか。	
誘導灯 （　年　月　日実施）	(1) 改装等により、設置位置が不適正になっていないか。	
	(2) 誘導灯の周囲には、間仕切り、衝立、ロッカー等があって、視認障害となっていないか。	
	(3) 外箱及び表示面は、変形、損傷、脱落、汚損等がなく、かつ適正な取り付け状態であるか。	
	(4) 不点灯、ちらつき等がないか。	
消防用水 （　年　月　日実施）	(1) 周囲に樹木等使用上の障害となる物がないか。	
	(2) 道路から吸管投入口又は採水口までの消防自動車の進入通路が確保されているか。	
	(3) 地下式の防火水槽、池等は、水量が著しく減少していないか。	
連結散水設備 （　年　月　日実施）	(1) 送水口の周囲は、消防自動車の接近に支障がないか、また送水活動に障害となるものがないか。	
	(2) 送水口に変形、損傷、著しい腐食等がないか。	
	(3) 散水ヘッドの各部に変形、損傷等がないか。	
	(4) 散水ヘッドの周囲には、散水を妨げる広告物、棚等の障害物がないか。	
連結送水管 （　年　月　日実施）	(1) 送水口の周囲は、消防自動車の接近に支障がないか、また送水活動に障害となるものがないか。	
	(2) 送水口に変形、損傷、著しい腐食等がないか。	
	(3) 放水口の周囲には、ホースの接続や延長等の使用上の障害となる物がないか。	
	(4) 放水口を格納する箱は変形、損傷、腐食等がなく、扉の開閉に異常がないか。	
	(5) 表示灯は点灯しているか。	
非常コンセント設備 （　年　月　日実施）	(1) 周囲に使用上障害となる物がないか。	
	(2) 保護箱は変形、損傷、腐食等がなく、容易に扉の開閉ができるか。	
	(3) 表示灯は点灯しているか。	
備考		

検査実施者氏名	統括防火管理者確認

（備考）　不備・欠陥がある場合には、直ちに統括防火管理者に報告する。
実施しない設備、確認箇所は斜線とする。

（点検結果の凡例）　○…良　×…不備・欠陥　⊗…即時改修

table 2.7　帰宅困難者対策／出典:東京消防庁「消防計画作成例（追加版）」

①	家族等との安否確認のための連絡手段の確保	電話以外の連絡手段。災害用伝言ダイヤルやSNS等。職員はもちろん、保護者も安心して待機できるようにするため。
②	職員の一斉帰宅の抑制	備蓄品の確保や、時差退社計画の作成。（**table 2.8**） 職員が安全に帰宅できる状況になった場合は、時差退社計画に基づき、グループ毎に帰宅させる。
③	家族等との安否確認の実施	事前に定めた安否確認手段を用いて、迅速かつ効率的に安否確認。
④	職員の施設内における待機及び安全な帰宅のための活動	施設内に待機することが可能か判断するために、事前に作成した被害状況を確認するチェック表により点検。（**table 2.9**） 施設へ安全に留まることができないと判断した場合は、避難場所へ移動します。

ることが不可欠であるという考え方です。

この際、園は「子どもの引き取りまでに時間がかかる可能性がある」と認識する必要があります。収納の問題で備蓄には限界があるかと思いますが、引き取り訓練などで電話以外の複数の連絡手段を試しておくことが重要です。

追加すべき項目は**table 2.7**のとおりです。**table 2.8**、**table 2.9**を参考に、自園の計画を作成してください。

table 2.8 震災時における時差退社計画（例）　出典：東京消防庁「事業所防災計画（帰宅困難者対策）作成例」4頁、2021年

優先順位	家庭内事情	氏名	自宅住所／連絡先	帰宅ルートの概要（主要路線／通常の通勤経路）	距離／予測時間	付加的要素	帰宅グループ（開始時刻／到着時刻）
1	有		千葉県…市……	千葉方面（…区→…区→…市）	15km	①××橋、◆◆橋に注意	千葉Aグループ
			090-××××-××××	国道○号線→××街道→◆◆街道	1.3時間	②湾岸の液状化も考慮	開始　：
			（Eメール　　　）	…線…駅→…線…駅			到着　：
	有		埼玉県…市……	埼玉方面（…区→…区→…市）	20km	○○区××（火災危険度5）を通過	埼玉Aグループ
			090-××××-××××	国道○号線→××街道→◆◆街道	1.6時間		開始　：
			（Eメール　　　）	…線…駅→…線…駅			到着　：
			東京都…区……	都内（…区→…区→…区）	5km		直近居住者
			090-××××-××××	国道○号線→××街道→◆◆街道	1時間		開始　：
			（Eメール　　　）	…線…駅→…線…駅			到着　：
2			埼玉県…市……	埼玉方面（…区→…区→…市）	12km	○○区××（火災危険度5）を通過	埼玉Aグループ
			090-××××-××××	国道○号線→××街道→◆◆街道	1時間		開始　：
			（Eメール　　　）	…線…駅→…線…駅			到着　：
			埼玉県…市……	埼玉方面（…区→…区→…市）	15km	○○区××（火災危険度5）を通過	埼玉Aグループ
			090-××××-××××	国道○号線→××街道→◆◆街道	1.3時間		開始　：
			（Eメール　　　）	…線…駅→…線…駅			到着　：
			埼玉県…市……	埼玉方面（…区→…区→…市）	18km	○○区××（火災危険度5）を通過	埼玉Aグループ
			090-××××-××××	国道○号線→××街道→◆◆街道	1.5時間		開始　：
			（Eメール　　　）	…線…駅→…線…駅			到着　：
3			神奈川県…市……	神奈川方面（…区→…市→…市）	25km	①××橋、◆◆橋に注意	神奈川Aグループ
			080-××××-××××	国道○号線→××街道→◆◆街道	2時間	○○区××（火災危険度5）を通過	開始　：
			（Eメール　　　）	…線…駅→…線…駅			到着　：
			神奈川県…市……	神奈川方面（…区→…市→…市）	30km	①××橋、◆◆橋に注意	神奈川Aグループ
			090-××××-××××	国道○号線→××街道→◆◆街道	2.5時間	○○区××（火災危険度5）を通過	開始　：
			（Eメール　　　）	…線…駅→…線…駅			到着　：

第1優先順位　：　家庭内事情がある者、勤務地直近（おおむね10km以内）に居住しており徒歩帰宅が可能な者
第2優先順位　：　勤務地からおおむね20km以内の居住者で、帰宅ルートの安全性が確認できた者
第3優先順位　：　勤務地からおおむね20km以上の居住者で、帰宅ルートの安全性が確認できた者

table 2.9 施設の安全のためのチェックリスト(例)/出典:東京消防庁「事業所防災計画(帰宅困難者対策)作成例」5頁、2021年

点検項目		点検内容	判定(該当)	該当する場合の対処・応急対応等
施設全体				
1	建物(傾斜・沈下)	傾いている。沈下している。		建物を退去
		傾いているように感じる。		要注意 →専門家へ詳細診断を要請
2	建物(倒壊危険性)	大きなX字状のひび割れが多数あり、コンクリートの剥落も著しく、鉄筋がかなり露出している。壁の向こう側が透けて見える。		建物を退去
		斜めやX字形のひび割れがあるが、コンクリートの剥落はわずかである。		要注意 →専門家へ詳細診断を要請
3	隣接建築物・周辺地盤	隣接建築物や鉄塔等が施設の方向に傾いている。		建物を退去
		周辺地盤が大きく陥没または隆起している。		建物を退去
		隣接建築物の損傷や周辺地盤の地割れがあるが、施設への影響はないと考えられる。		要注意 →専門家へ詳細診断を要請
施設内部(居室・通路等)				
1	床	傾いている、または陥没している。		立入禁止
		フロア等、床材に損傷が見られる。		要注意/要修理
2	壁・天井材	間仕切り壁に損傷が見られる。		要注意/要修理
		天井材が落下している。		立入禁止
		天井材のズレが見られる。		要注意 →専門家へ詳細診断を要請
3	廊下・階段	大きなX字状のひび割れが多数あり、コンクリートの剥落も著しく、鉄筋がかなり露出している。壁の向こう側が透けて見える。		立入禁止
		斜めやX字形のひび割れがあるが、コンクリートの剥落はわずかである。		点検継続 →専門家へ詳細診断を要請
4	ドア	ドアが外れている、または変形している。		要注意/要修理
5	窓枠・窓ガラス	窓枠が外れている、または変形している。		要注意/要修理
		窓が割れている、またはひびがある。		要注意/要修理
6	照明器具・吊り器具	照明器具・吊り器具が落下している。		要注意/要修理
		照明器具・吊り器具のズレが見られる。		要注意/要修理
7	什器等	什器(家具)等が転倒している。		要注意/要修理/要固定
		書類等が散乱している。		要注意/要復旧
設備等				
1	電力	外部からの電力供給が停止している(商用電源の途絶)。		代替手段の確保/要復旧 →(例)非常用電源を稼働
		照明が消えている。		
		空調が停止している。		
2	エレベータ	停止している。		要復旧 →メンテナンス業者に連絡
		警報ランプ、ブザー点灯、鳴動している。		
		カゴ内に人が閉じ込められている。		→メンテナンス業者または消防機関に連絡
3	上水道	停止している。		代替手段の確保/要復旧 →(例)備蓄品の利用
4	下水道・トイレ	水が流れない(溢れている)。		使用中止/代替手段の確保/要復旧 →(例)災害用トイレの利用
5	ガス	異臭、異音、煙が発生している。		立入禁止/要復旧
		停止している。		要復旧
6	通信・電話	停止している。		代替手段の確保/要復旧 →(例)衛星携帯電話、無線機の利用
7	消防用設備等	故障・損傷している		代替手段の確保/要復旧 →消防設備業者に連絡
セキュリティ				
1	防火シャッター	閉鎖している。		要復旧
2	非常階段・非常用出口	閉鎖している(通行不可である)。		要復旧 →復旧できない場合、立入禁止
3	入退室・施錠管理	セキュリティが機能していない。		要復旧/要警備員配置 →外部者侵入に要注意(状況により立入禁止)

Casestudy **3**
小学館アカデミー勝どきこども園（東京都中央区）

救命講習内容は定期的に繰り返し実践を通して学び、身体で覚える

上級救命講習を受講するようにしている、小学館アカデミー勝どきこども園の事例を紹介します。

新型コロナウィルス感染症の影響により、現場で実技受講が必要な救命講習についても、リスクを考慮して受講できない状況が続いていたこともあり、2021年度は早い段階で受講を考えていたそうです。そんな中、区の私立園長会において、「死亡事故ゼロ」の重点項目が明示されたこともあり、乳児、小児の心肺蘇生法を実践して学べる上級救命講習を受講。

身体で覚えなければ「倒れている人、反応や呼吸の確認がとれない子ども」を実際に目の当たりにしたときに、すぐに判断ができないのではないかと園長は考えており、実践が重要だと考えています。また、受講したことを定期的に復習することや、個人受講ではなく、チーム受講にすることによって園内における安全意識は確実に高まっているそうです。

これだけの人数を土曜日に1日研修で組み入れることは、振替も必要になるため、全職員の協力や理解が必要です。そんな取り組みを実現できている園です。

追記

同年、所轄消防署長より救急業務推進について感謝状が授与されました。

2.3.5 | 安全対策

事故報告

園で事故が発生した場合は、区市町村経由で国や都道府県への報告義務があります。

特に **fig. 2.19** にあげた事故が発生した場合は、市区町村の主管部署に報告します。定められたフォーマットに基づき、第一報は原則、事故発生日当日に実施してください（**table 2.10**）。その際、要因分析や対策については不要です。第二報に記載しましょう。

これらの事故以外でも、保護者とトラブルになりそうな事故や、市区町村にも連絡が入りそうなケースは、市区町村と共有しておきましょう。

事故報告で大切なのは、報告を目的にしてはならないということです。発生した内容を記録、分析し、再発防止に活用することが目的になります。

ヒヤリハット

なぜ、ヒヤリハットを書く必要があるのでしょうか。園には事務仕事が多くあります。そのうえにヒヤリハットを作成するのはなぜでしょうか。

事故報告の「再発防止」に対し、ヒヤリハットは「事故予防」の意味合いが強いです。子どもの心身が健全に発達するように支援することが保育であり、子どもがけがをしないようにすることではありません。

例えば、プールでの事故が多かったとしても、そのあと永久的にプールや水遊びをしないという園はないでしょう。

事故とは、何らかの傷害が発生したものを指します。しかし園では、「出血」もない、「受診」も不要、「ヒヤリ」と感じにくい出来事のなかで、一歩間違えると重大事故につながる事柄があります。事故の再発防止だけでは、重大事故を防ぐことはできません。

ヒヤリハットをたくさん書いているだけでは、事故は減りません。

国
- 死亡事故
- 意識不明の事故
- 治療に要する期間が30日以上（歯のけがに注意）

都道府県
- 同一の感染症若しくは食中毒の患者が10名以上または全利用者の半数以上発生
- 迷子、置き去り、連れ去り等が発生、または発生しかけた場合

fig. 2.19　事故発生時の報告義務

table 2.10　事故報告書フォーマット(東京都)

教育・保育施設等　事故報告様式 (Ver.2)　*水色枠内はプルダウンメニューから選択してください　【別紙】

事故報告日				報告回数				
認可・認可外				施設・事業種別				
自治体名				施設名				
所在地				開設(認可)年月日				
設置者(社名・法人名・自治体名等)				代表者名				
在籍子ども数	0歳	1歳	2歳	3歳	4歳	5歳以上	学童	合計
教育・保育従事者数		名		うち保育教諭・幼稚園教諭・保育士			名	
うち常勤教育・保育従事者		名		うち常勤保育教諭・幼稚園教諭・保育士			名	
保育室等の面積	乳児室　㎡		ほふく室　㎡		保育室　㎡		遊戯室　㎡	
	㎡		㎡		㎡		㎡	
発生時の体制		名	教育・保育従事者	名	うち保育教諭・幼稚園教諭・保育士		名	
異年齢構成の場合の内訳	0歳　名		1歳　名		2歳　名		3歳　名	
	4歳　名		5歳以上　名		学童　名			
事故発生日				事故発生時間帯				
子どもの年齢(月齢)	所属クラス			入園・入所年月日				
子どもの性別				事故誘因				
事故の転帰				(負傷の場合)負傷状況				
(死亡の場合)死因				(負傷の場合)受傷部位				
病状・死因等(既往歴)	【診断名】							
	【病状】							
	【既往症】			病院名				
特記事項(事故と因子関係がある場合に、身長、体重、既往歴・持病・アレルギー、発育・発達状況、発生時の天候等を記載)								
発生場所								
発生時状況								
発生状況(当日登園時からの健康状況、発生後の処置を含め、可能な限り詳細に記入。第1報においては可能な範囲で記入し、2報以降で修正すること)								
当該事故に特徴的な事項								
発生後の対応(報道発表を行う(行った)場合にはその予定(実績)を含む)								

※　**第1報は赤枠内について報告**してください。第1報は**原則事故発生当日(遅くとも事故発生翌日)**、第2報は原則1か月以内程度に行うとともに、状況の変化や必要に応じて追加報告してください。また、事故発生の要因分析や検証等の結果については、でき次第報告してください。
※　**第2報報告に当たっては、記載内容について保護者の了解を得た後**に、各自治体へ報告してください。
※　記載欄は適宜広げて記載してください。
※　直近の指導監査の状況報告を添付してください。
※　発生時の状況図(写真等を含む。)を添付してください。なお、遊具等の器具により発生した場合には、当該器具のメーカー名、製品名、型式、構造等についても記載してください。

教育・保育施設等　事故報告様式【事故再発防止に資する要因分析】

要因	分析項目		記載欄【選択肢の具体的内容を記載】	
ソフト面(マニュアル、研修、職員配置等)	事故予防マニュアルの有無		(具体的内容記載欄)	
	事故予防に関する研修		実施頻度(　)回/年	(具体的内容記載欄)
	職員配置		(具体的内容記載欄)	
	その他考えられる要因・分析、特記事項			
	改善策【必須】			
ハード面(施設、設備等)	施設の安全点検		実施頻度(　)回/年	(具体的内容記載欄)
	遊具の安全点検		実施頻度(　)回/年	(具体的内容記載欄)
	玩具の安全点検		実施頻度(　)回/年	(具体的内容記載欄)
	その他考えられる要因・分析、特記事項			
	改善策【必須】			
環境面(教育・保育の状況等)	教育・保育の状況			
	その他考えられる要因・分析、特記事項			
	改善策【必須】			
人的面(担当保育教諭・幼稚園教諭・保育士、保育従事者、職員の状況)	対象児の動き		(具体的内容記載欄)	
	担当職員の動き		(具体的内容記載欄)	
	他の職員の動き		(具体的内容記載欄)	
	その他考えられる要因・分析、特記事項			
	改善策【必須】			
その他	その他考えられる要因・分析、特記事項			
	改善策【必須】			
【所管自治体必須記載欄】事故発生の要因分析に係る自治体コメント ※事業所(者)は記載しないでください。				

《事故報告様式送付先》
●幼保連携型認定こども園、企業主導型保育事業について
・内閣府　子ども・子育て本部　(FAX:03-3581-2808)
●幼稚園の教育活動中の事故について
・文部科学省　初等中等教育局　健康教育・食育課(FAX:03-6734-3794)
●その他、幼稚園通園中や園における製品に関する事故、園の安全管理に関する事故について)
・文部科学省　スポーツ・青少年局　学校健康教育課(FAX:03-6734-3794)
●認可保育所、保育所型認定こども園、地方裁量型認定こども園、地域型保育事業、一時預かり事業(認定こども園(幼保連携型、幼稚園型)、幼稚園で実施する場合以外のもの)、病児保育事業(認定こども園(幼保連携型、幼稚園型)、幼稚園で実施する場合以外のもの)、地方単独保育施設、その他の認可外保育施設、認可外の居宅訪問型保育事業について
・厚生労働省雇用均等・児童家庭局 保育課(FAX:03-3595-2674)
●こちらへも報告してください
・消費者庁消費者安全課　(FAX:03-3507-9290)

出典:内閣府ホームページ(https://www8.cao.go.jp/shoushi/shinseido/law/kodomo3houan/pdf/h290331/jiko_besshi.pdf)

しかし、まずは危険に対する感度を上げ、ヒヤリハットを共有する風土をつくることが重要です。そして、危険の要因を一つずつ取り除きましょう。

ミニトマトを食べた際、ムセてしまったが、たまたまのどに詰まらずに完食することができた。

救命救急訓練等

救命救急訓練では、病気や事故など重大事故を想定した訓練が必要です。園で事故の予防を徹底しても、病気やけがを絶対に防ぐことは難しいものです。そのため、被害をできるだけ最小限に抑えることが重要です。

誤嚥や窒息、心肺停止など、一刻も早い救急車要請が必要な場面のために通報訓練を実施しますが、救急車の到着までには時間がかかります。その間に救命措置を実施できるかによって、救命の可能性が大きく変わります。

事故防止等ガイドラインでは、救急時に備え、保育施設等のすべての職員が身につけておくべき技術として、

i）心肺蘇生法
ii）気道内異物除去
iii）AEDの使用
iv）エピペンの使用

をあげています。全職員が消防署の救命講習を受講するには時間がかかりますが、受講済みの職員が勤務しているタイミングで事故が発生するとは限りません。

受講者による園内研修などを実施して、どの時間帯で救命措置が必要になっても対応できるように、年度当初から体制をつくっておきましょう。

救命救急訓練の様子（提供:にじいろ保育園小伝馬町）

Casestudy **4**
アスク勝どき保育園（東京都中央区）

担当者を固定せず、職員への意識づけを徹底

訓練にさまざまな工夫をした保育所が区内にはたくさんあります。そのなかで今回はアスク勝どき保育園の事例を紹介します。同園の訓練の特徴は、以下のとおりです。

・CRP（心肺蘇生法）訓練を毎月実施。
・訓練の企画は、毎月担当者を変えて実施。
・防災訓練と救命救急訓練は別。

特筆すべきは、参加メンバーを決めていないということです。事故の発生に対し、館内放送を流すことで調理スタッフを含めた応援職員が自然と集まる風土をつくっています。応援で集まった職員の数にもよりますが、心肺蘇生、通報、時系列での記録をその場の状況にあわせて割り振っています。

訓練には、園長と看護師はあえて参加せず、動きの確認と反省会での講評を実施しています。どの職員でも救命救急が実施でき、各担当がその場で決まった役割に対し迅速に対応できる。そんな環境づくりを意識している保育所です。

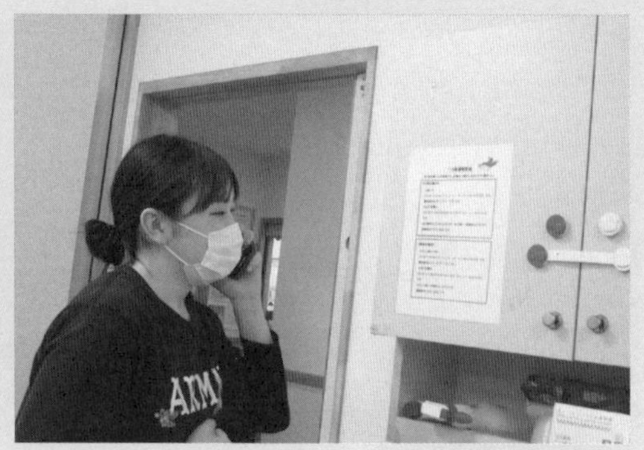

Casestudy **5**
ほっぺるランド新島橋かちどき（東京都中央区）

午睡時の確認を専任が行い、巡回による確認も実施

午睡チェックに工夫をしている保育所として、ほっぺるランド新島橋かちどきの事例を紹介します。

〇午睡チェック専任の配置

多くの保育所では、連絡帳などの事務作業をしながら午睡チェックをしていると思います。本園では、事務作業をしない午睡チェック担当者を配置しています。30分交代ですが専任なので、子どもの様子を常時確認しています。人手が不足する場合は、園長や主任はもちろん、看護師、調理員、事務員まで動員して実施しています。

園長曰く、全員で業務にあたるという風土をつくるのが重要だそうです。当然、どの職員でも救命救急が実施できます。

〇職員による午睡巡回の実施

本園では、午睡チェックが正しく実施できているかどうか、職員が巡回して確認作業を行っています。これは、職員自身の気づきの機会であり、園長や主任が巡回するよりも効果があるそうです。全クラスを回り、横向き、うつぶせの子どもの名前を記載して、最後に園長に報告します。記録を見ていると、子どもたちの寝相の癖もわかるようになり、思わぬ気づきもあったといいます。

人員配置に余裕があるからできているのではなく、シフトや仕事のやり方を工夫して実施しています。午睡時の危機管理を大変重視している保育所です。

Chapter

3

管理職の役割

Section 1

職員配置

	種類	対象施設	児童数
職員配置	認可基準（国基準）	すべての児童福祉施設	定員もしくは在籍の多いほう
	公定価格基準（国基準）	給付対象施設として区市町村長から確認を受けた民間保育所（すべての私立認可保育所）	在籍

fig. 3.1　職員配置基準の違い

3.1.1 | 自園に必要な保育士の数

子どもの安全を確保するために必要な保育士の最低限の人数は、国で決められています。

子どもの年齢	保育士：子ども
0歳児	1 ： 3
1〜2歳児	1 ： 6
3歳児	1 ： 20
4歳児以上	1 ： 30

この基準で算出した職員がいれば問題ない。

△

配置基準には、3つの考え方があります。冒頭の考え方は①認可基準です。認可基準以外にも基準があるので、それぞれ理解していきましょう。

認可基準

国は、児童福祉施設の最低基準を定めています。保育所の「定員」もしくは「在籍」のいずれかで計算し、多いほうが必要です。

子どもの年齢	保育士：子どもの人数
0歳児	1 ： 3
1〜2歳児	1 ： 6
3歳児	1 ： 20
4歳児以上	1 ： 30

fig. 3.2 保育所の人員配置基準

まず、「定員」「在籍」の子どもの人数を、年齢別に決められた子どもの人数で割ります。年齢別に小数点第一位まで計算し（小数点第二位以下は切り捨て）ます。年齢別の合計を小数点以下四捨五入したものが、その保育所で必要な常勤保育士の人数となります（**fig. 3.2**）。

公定価格基準(基本分)

認可保育所、認定こども園には、公定価格という補助金が支払われています。公定価格の基本分単価には、以下の職員構成が加味されているので、給付を受けている施設は基準の遵守が必要です。

fig. 3.3 は、常勤保育士の考え方になります。保育士以外にも「園長」「調理員等」「非常勤事務職員」「嘱託医・嘱託歯科医」が基本分単価に含まれます。3歳児配置改善や専任の主任を置いた場合には加算が付きますが、基本分単価として含まれているものではないので割愛します。

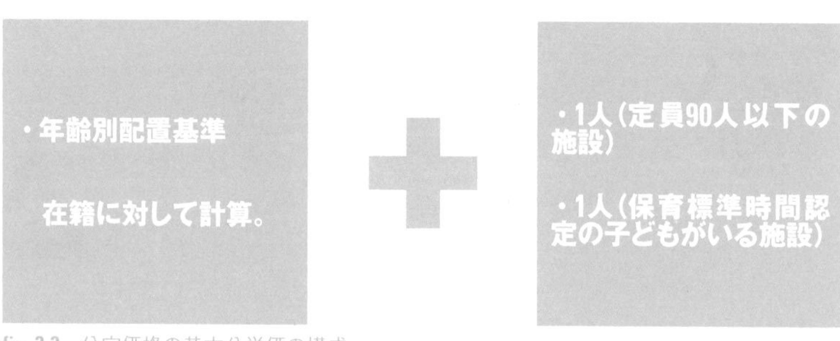

fig. 3.3　公定価格の基本分単価の構成

自治体基準

自治体によっては、独自に職員配置の基準を設けている場合もあります。国の基準よりも厳しい基準を設けていることが多いです。保育士だけではなく、看護師の配置を義務づけていることもあります。

ちなみに中央区の場合は、独自の基準は設けていません。その代わりに「勤務環境改善促進保育士加算」「延長保育士加算」「零歳児保健師等加算」などの補助金を設け、質の向上のために保育士や看護師を増配置できるようにしています。

必要な保育士の算出

ここでは、定員105名の認可保育所を例に、必要とされる保育士の算出方法をお伝えします(**table 3.1 〜 table 3.3**)。

table 3.1　定員と在園児数の関係

	定員	在籍
0歳児	12	12
1歳児	15	13
2歳児	18	14
3歳児	20	18
4歳児	20	16
5歳児	20	16
合計	105	91

table 3.2　認可基準での計算方法

子どもの年齢	子どもの人数（定員、在籍多いほう）	計算方法	必要保育士数
0歳児	12	12÷3＝4	4
1～2歳児	33	33÷6＝5.5	5.5
3歳児	20	20÷20＝1	1
4歳児以上	40	40÷30＝1.333…	1.3
合計		4+5.5+1+1.3＝11.8	12名

table 3.3　公定価格基準での計算方法

子どもの年齢	子どもの人数（在籍）	計算方法	必要保育士数
0歳児	12	12÷3＝4	4
1～2歳児	27	27÷6＝4.5	4.5
3歳児	18	18÷20＝0.9	0.9
4歳児以上	32	32÷30＝1.066…	1
小計		4+4.5+0.9+1＝10.4	10
利用定員90人以下の施設の場合は1人			0
保育標準時間認定の子どもがいれば1人			1
合計			11名

このように、基準によって必要な保育士の数は変わります。待機児童が多かった時代は、定員＝在籍のケースがほとんどだったため、公定価格基準のほうがより保育士を必要としました（認可基準＜公定価格基準）。

しかし、公定価格基準は在籍を基準に考えるため、定員割れする保育所が出てくると必要人数の逆転が起こります（認可基準＞公定価格基準）。保育所運営にあたっては、在籍数がどれだけ少なくなっても「認可基準」を満たした職員配置が必要です。

認可定員と利用定員

定員には、次にあげる2つの考え方があります。

認可定員：保育所が認可を受ける際に設定した定員。都道府県が認可する。
利用定員：給付費（委託費）の単価水準を決めるために設定した定員。認可定員の範囲内で市区町村が設定する。

認可定員＝利用定員が原則ですが、空き定員が継続的に発生する場合、「利用定員変更」が検討される見込みです（定員が大きいと給付費の単価が下がり、空きがあるのに実態に合わない職員配置が必要となるため）。

3.1.2 | 常勤職員とは?

フルタイムで勤務可能な派遣社員を採用した。
常勤保育士として、職員名簿に記載して自治体に提出した。

✖

常勤職員とは、各保育所の就業規則等で定めた常勤のうち、**fig. 3.4** の4項目をすべて満たし、雇用契約書などに記載されている内容と一致する必要があります。派遣社員は、①(場合によっては④)を満たしません。よって、派遣社員は、稼働時間にかかわらず非常勤職員となります。

4つすべての項目を満たしていない場合は、常勤職員とは認められないので注意してください。ヘルプなどでいくつかの保育所を兼務している職員は、③を満たさない場合があります。その場合、各園では非常勤扱いとなります。

① 期間の定めのない労働契約を結んでいる者(1年以上の労働契約を結んでいる者を含む)
② 1日6時間以上かつ月20日以上常態的に勤務
③ 労働条件通知書などで明示された就業場所が当該保育所
④ 社会保険の被保険者

fig. 3.4 常勤職員の定義

3.1.3 | 園長専任とは?

体調不良の職員が出たので早退させた。そのため、遅番の職員が不足したので、園長が代わりにシフトに入った。

園長とは、常時その園の運営管理の業務に専従している有給の人を指します。そのため、シフトに入ることは、運営管理の業務から外れてしまうという考え方です。シフトに入らないことが原則ですので、欠員が発生した場合は、ほかの保育者に残業を依頼するなどして対応しましょう。

園によっては、巡回や電話をかけた際に園長の不在が多いケースが見られます。その場合は、運営管理の業務に専従していないと考えられても仕方ありません。他園や本部業務と兼務することも認められませんので、専従できる園長を配置しましょう。

3.1.4 | 保育士配置にかかる特例(みなし保育士)とは?

幼稚園教諭と小学校教諭、養護教諭

早番(必要となる保育士が1名となる時間帯)に幼稚園教諭と常勤保育士の2名でシフトに入ってもらった。

保育所等における保育士配置にかかる特例により、当面の間、幼稚園教諭、小学校教諭、養護教諭は保育士とみなすことができるようになりました。しかし、幼稚園教諭・小学校教諭・養護教諭は、登園児童に対する必要保育士が1名となる時間帯では、2名のうちの1名に含めることができません。

また、保育をすることができる児童の年齢については、

幼稚園教諭:3歳児以上

小学校教諭:5歳児

を中心的に保育することが望ましいとされています。

都道府県知事が保育士と同等の知識及び経験を有すると認める者

遅番（必要となる保育士が1名となる時間帯）に知事が認める者と非常勤保育士の2名でシフトに入ってもらった。

✖

保育所等における保育士配置にかかる特例により、当面の間、知事が認める者は保育士とみなすことができます。しかし、どのような時間帯にも常勤保育士1名が必ず必要になるという理由で、上記はNGです。知事が認める者と早番や遅番のシフトを組めるのは、常勤保育士のみということです。なお、知事が認める者とは、以下のいずれかの要件が必要です。

・保育所で保育業務に従事した期間が十分にある者
・家庭的保育者
・子育て支援員研修の修了者（地域型保育コース）

知事が認める者なので、自治体に申請をすることが基本となります。管轄自治体に確認しましょう。

看護師（保健師）

遅番（必要となる保育士が1名となる時間帯）に常勤看護師と非常勤保育士の2名でシフトに入ってもらった。

〇

同じく特例により、乳児4人以上を入所させる保育所では、当分の間、当該保育所に勤務する保健師または看護師を、1人に限って保育士とみなすことができるようになりました。

前項で「どのような時間帯にも常勤保育士1名が必ず必要になる」と説明しましたが、この常勤保育士の代わりに配置できるのは、保育士とみなした常勤看護師のみです。ですから、このケースは認められます。

なお、乳児4人以上の保育所で認められている特例なので、保育士とみなした看護師（保健師）は、0歳児を担当することを想定しています。

0歳児が6名いる保育所だったので、元からいた看護師を含め、2名とも保育士とみなすことにした。

✖

保健師または看護師を保育士とみなす場合の注意点は、**fig. 3.5**のとおりです。上記の場合は、②の条件を満たしません。2名いた場合は、その日によって保育士にみなす看護師を変更することはできません。基準とは直接関係ありませんが、保育士とみなされた看護師は、保育士としての業務が主になります。専門職としての看護師のモチベーションも考慮しましょう。

ポイント

①看護師を保育士とみなした場合は、保育士としての仕事をする必要がある
②看護師が複数名いた場合でも、1人しか保育士にみなすことができず、また誰を保育士にみなすのか特定する必要がある
③看護師での職務ではなくなるので、看護師配置のための補助金はもらえなくなる。(もう1名看護師がいる場合を除く)
④国基準では准看護師を保育士とみなすことができるが、東京都では准看護師をみなすことができない

fig. 3.5　看護師や保健師を保育士とみなす際の留意点

遅番（必要となる保育士が1名となる時間帯）に常勤看護師と知事が認める者の2名でシフトに入ってもらった。

✖

保育士が1名になる場合は、保育士1名に加えて、知事が認める者を1名以上置かなければなりません。この場合の保育士は、資格保有者を指します。ですから、保育士資格をもっている者でなければ代替できません。保育士が1名になる場合の組み合わせは、**table 3.4**のとおりです。

table 3.4　保育士が2名になる場合の組み合わせ

	常勤保育士	**非常勤保育士**	**派遣保育士**	**常勤看護師（みなし）**	**非常勤看護師（みなし）**	**幼稚園等教諭（みなし）**	**知事が認める者**
常勤保育士	○	○	○	○	○	×	○
非常勤保育士	○	×	×	○	×	×	×
派遣保育士	○	×	×	○	×	×	×
常勤看護師（みなし）	○	○	○	×	×	×	×
非常勤看護師（みなし）	○	×	×	×	×	×	×
幼稚園等教諭（みなし）	×	×	×	×	×	×	×
知事が認める者	○	×	×	×	×	×	×

＊　保育士資格所有者は、常勤・非常勤にかかわらず必置
＊　1グループに必置の常勤保育士は、常勤看護師（みなし保育士）でも代替可能

3.1.5 | 有資格であることの証明

保育士証がまだ手元に届いていないので
「卒業証明書」を代わりに用意した。

保育士として保育所で勤務するためには、勤務先の保育所に保育士証のコピーを提出します。その際、**fig. 3.6** のケースは認められないので注意しましょう。

旧姓	結婚などで苗字が変わってしまった場合、旧姓の保育士証は使えません。保育士として働くためには、必ず更新をしましょう。
保母	児童福祉法が改正された結果、保母資格のままでは、保育士として認められなくなりました。保育士として働くには登録申請手続きを行い、保育士証の交付を受けるようにしてください。
卒業見込証	卒業見込証、卒業証明書、保育士試験合格通知書などでは認められませんが、保育士登録済通知書があれば、期限までは保育士証の代わりになります。

fig. 3.6　保育士資格の証明として認められない書類

3.1.6 | 非常勤の雇用契約

4月入社の非常勤保育士は、80h／月の契約にしていたが、3か月連続で100h／月の稼働実績となっていた。

非常勤保育士の勤務実績が、当初予定していた時間数と乖離する場合、以下の対応が必要となります。

・契約のまき直し（契約時間の変更）

・自治体への報告（職員名簿の所定労働時間変更）

補助金は、自治体に提出する「職員名簿」に記載した「所定労働時間」に従って支給されています。その「所定労働時間」が正しいかどうかを確認するための根拠として「雇用契約書」を確認します。その内容が一致しない場合は根拠とならないので、内容が実績と一致するように訂正する必要があるということです。

Section 2

職員会議

対面だけではないコミュニケーション手段が必要

職員会議の内容を、欠席者にも漏れなく周知するために回覧簿を作成して、議事録を回覧した。

○

認可保育所・認定こども園では、さまざまな雇用形態、職種、年齢の人で11時間以上の開所を支えています。園児がいる時間帯は、職員全員が参加して話し合う機会をつくるのは難しいでしょう。閉園後に実施する場合も、時間外労働の考慮が必要です。

職員会議の内容は、常勤職員だけが把握しておけば良いわけではありません。ですから、職員全員が同じ情報を共有できる仕組みをつくりましょう。

多くの園では、会議の議事録を作成し、欠席者を含めて回覧しています（**fig. 3.7**）。ICTを活用するのも良いでしょう。全員に共有できている仕組みがあり、職員会議が機能していることを証明します。

回覧順
→

名前	名前	名前	名前	名前	名前	名前
名前	名前	名前	名前	名前	名前	名前
名前	名前	名前	名前	名前	名前	名前

fig. 3.7 回覧簿のサンプル

Section 3
職員研修

個人の専門性が向上するだけではもったいない!

職員研修の考え方は、園長によって差が出ます。年に何度も職員を外部研修に参加させる園もあれば、研修の機会がない園もあります。

職員に研修を受講させる目的は、職員のキャリアアップのためであり、園の保育の質向上のためです。

ですからまずは、知識・技能の向上のため、研修の計画をつくり、職員が参加する機会を確保します。職員配置に余裕がある園だけが研修機会を確保しているわけではありません。園長の管理職としての意識が問われます。職員を育成することは管理職の使命であり、職員が成長すれば園も成長します。

忘れがちなのは、成果の活用です。園の質の向上に結び付けるためには、研修で得た知識や技能を個人の財産ではなく、園の財産にしましょう。そのためには、園内研修等で全職員に共有する仕組みも一案です。共有している証拠として、職員会議の議事録、園内研修の記録などを残すようにしてください(**fig. 3.8**)。

園内研修の様子(提供:ほっぺるらんど新島橋かちどき)

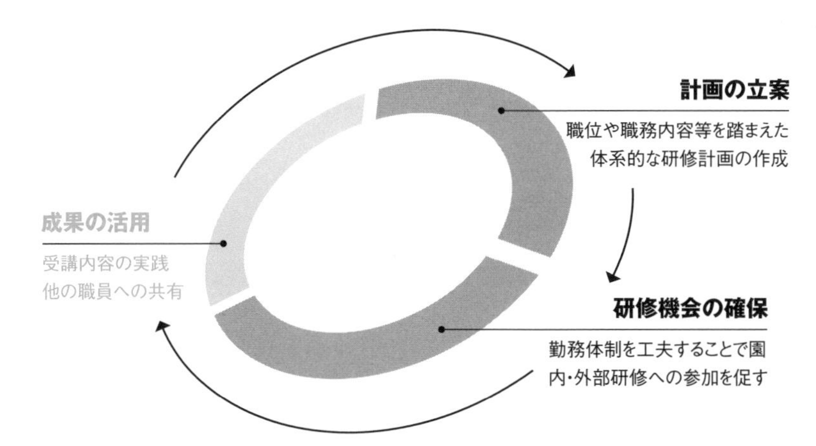

fig. 3.8　職員研修の活かし方

Casestudy **6**
さくらさくみらい月の岬（東京都中央区）

職員研修で大事にしていること

研修は、たくさん受講すればいいというものではありません。何のために受講するのか、受講する際に園長は職員をどのように送り出せばいいのか、園内研修はどんな工夫をすればいいのか、などを考えることが大切です。

働きやすい職場であってほしい、自己肯定感が高まってほしい、研修で得た知識・経験を生かしてほしいと考え、職員の研修を実施している、さくらさくみらい月の岬の取組みを紹介します。

○研修参加において大事にしていること

・一人ひとりの学びの場（時間）を設ける。忙しくても研修には参加できる体制を整える。

・語り合いのできる環境をつくる。グループ、少人数での対話の場を設ける。

・相手の気持ちを大切にする。きちんと最後まで話を聞くことを意識する。

・職員に温かく声をかける。特に新卒職員、中途入社職員のことを気にかける。

・「お疲れ様」「ありがとう」と笑顔で伝える。労いの気持ちをもつ。

実際にやってみて子どもの気持ちになってみる。このときは、パズルが揃っていないことに気づき、片づけ方が課題となった。

書類の入力作業研修。先輩保育士が後輩や新卒保育士に書類作成等の指導を行っている。

○保育応援研修、交換研修の実施

本社研修、園内研修をはじめ、さまざまな研修を実施していますが、系列園間での保育研修や勉強会を積極的に実施しています。

保育応援研修は「ヘルプ」という考えではなく、他園の保育を学ぼう、大変なときは助け合おう、他園の職員から自分がいることで喜んでもらえたら嬉しい、という気持ちで参加しています。

その結果、研修に参加した職員も

・他園の保育の様子（子どもの雰囲気、保育者の動き、声かけ、環境設定、玩具）を知ることができた。

・自園の課題を見つけたり、よいところを実感したりするようです。

指導検査では、計画作成や受講記録などの“外見”を中心に確認しますが、それと同等以上に、職員とのコミュニケーションや職員の気持ちを大切にしている保育所です。

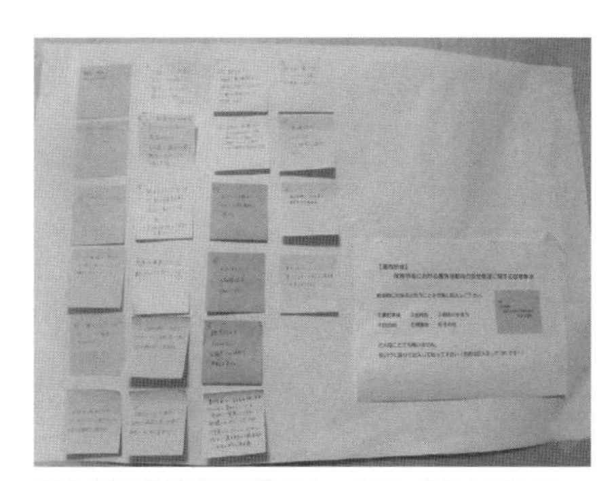

園内研修を効率よく進めたい時は、あらかじめテーマを掲げておき、職員から付箋でコメントを集めておく。

他園に応援研修に行く職員に「いってらっしゃい」と笑顔で見送る。研修に行く職員の緊張を和らげる。

Section 4
職員健康診断

4月入社に中途採用の職員がいるが、前職で昨年の10月に定期健康診断を受診している。その結果をもって雇入時健康診断とした。

✖

職員の健康管理は、園長の仕事です。職員の健康診断は労働安全衛生規則に定められています。安全衛生の観点でも、職員の健康状態を把握しておくことが必要です。健康診断は、「雇入時健康診断」「定期健康診断」の2種類を押さえておきましょう。

3.4.1 | 受診のタイミング

「雇入時健康診断」は、
・雇入時に実施
・採用前3か月以内の健康診断
のどちらかで確認することが必要です。「定期健康診断」は1年以内ごとに1回の実施が必要です。職員が感染症等で子どもに影響を与えることは避けなければいけません。職員個人に責任を負わせることがないように、事業者として、園長として、事前に確認できる仕組みをつくっておきましょう。

3.4.2 | 健康診断項目

健康診断には必要な検査項目が決められています(**table 3.5**)。「雇入時健康診断」は新規採用の職員が自分で受診することがあるので、必要な項目を漏れなく受診できるよう事前に十分な告知をしてください。「定期健康診断」は、医師の判断により検査項目の省略が可能ですが、「雇入時健康診断」は省略不可です。採用時には、必要な項目を正確に

table 3.5　健康診断の検査項目

	健康診断項目
①	既往歴および業務歴の調査
②	自覚症状および他覚症状の有無の検査
③	身長、体重、腹囲、視力および聴力の検査
④	胸部エックス線検査
⑤	血圧の測定
⑥	貧血検査
⑦	肝機能検査
⑧	血中脂質検査
⑨	血糖検査
⑩	尿検査
⑪	心電図検査

伝えましょう。

また、健康診断の対象者は常勤職員だけではありません。常勤の4分の3以上の就労時間がある職員は、契約期間によって対象になりますので注意してください。

3.4.3 | 復職した職員への対応

休職していた職員が12月に復職する。職員の定期健康診断は9月に実施したので、今年度は受けられなかった。

何らかの事情で休職していた職員が復職する際、「定期健康診断」を受けていない場合は、復職後すぐに健康診断を実施する必要があります。特に育児休業明けの職員は、園で実施する「定期健康診断」を受けられずに復職することが多いと思うので注意が必要です。

「定期健康診断」の時期が決まっている園では、年1回の周期にするために、復帰の年度は2回受診することになるかもしれません（**fig. 3.9**）。

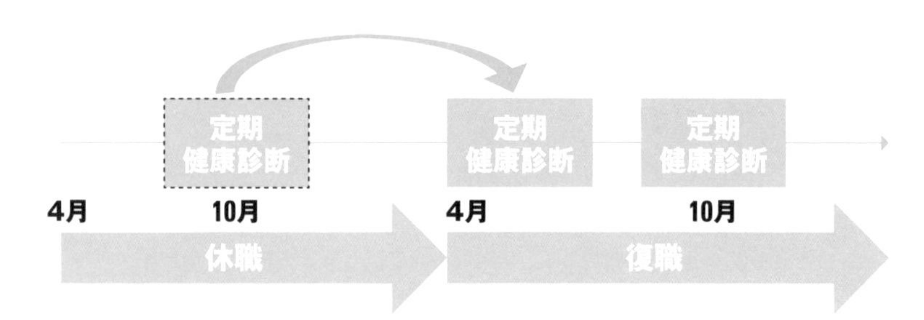

fig. 3.9　復職後の定期健康診断のタイミング

Section 5
人権の擁護、虐待の防止

子どもの最善の利益を考慮した保育をしていますか?

最近は園の職員による児童虐待がニュースなどでも取り上げられ、大きな関心が寄せられるようになりました。子どもの人権に対する意識の高まりのなか、昔は当たり前だった子どもへの接し方や言動が現在も受け入れられるとは限りません。

人権に対する考え方は、時代とともに変化します。子どもへの接し方や保育も、変化が求められているのです。変化を受け入れることができなければ、不適切な保育を行ってしまう可能性があります。

そのため、園に勤務する職員は、人権擁護、または虐待防止等の取組みを実施することが必要です。これらが子どもを守るためだけではなく、職員を守り育成することにもつながります。

3.5.1 | 予防(気づきの環境整備)

「適切な保育」か「不適切な保育」かは、常に正しく判断できるわけではありません。園長は、環境や仕組みを構築することで、職員個人にかかる責任を軽減するようにしましょう。自分自身が不適切な保育を実施していると思う職員はいません。客観的な視点で、全職員が同じ認識で自主的に気づける環境の構築が求められます。

特に年度当初は、職員の入れ替わりもあるため、保育に対する意識を合わせる機会をつくりましょう。チェックリストの活用も有効です。不適切な保育にかかわらず、「子どもの最善の利益を考慮した適切な保育が行われているかどうか」の振り返りは、保育全般において重要な視点です(**fig. 3.10**)。

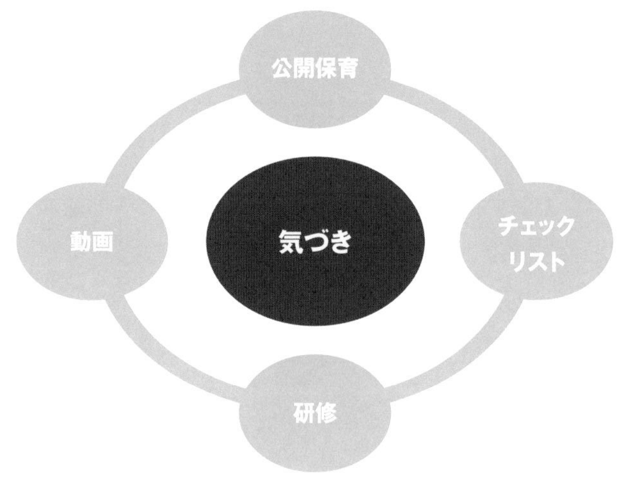

fig. 3.10　気づきの環境整備

3.5.2 | 予防（風通しの良い環境整備）

どのようなかかわりが適切もしくは不適切かは、子どもの個性や状況によっても変わります。一律に判断することが難しいケースもあるので、気になった際に相談できる環境が必要です。

「不適切な保育」「虐待」という言葉は、とても強く重いです。取り上げるだけで重大な事件のような印象を与え、職員からは相談しにくいこともあるでしょう。ですから、園長の工夫が必要です。

例えば、より良い言葉かけを職員から募集する感覚でもいいと思います。「子どもの最善の利益」は、どの職員も意識していると思いますので、ネガティブな表現を使用する必要はないでしょう。しかし、相談された内容が明らかに不適切な保育である場合、万が一を想定して、迅速な事実確認をしてください。

事実確認の方法や事実であった場合の職員へのマネジメントなどは、園長だけで抱え込まず、事業者や自治体に応援を頼むなどして、早急な対応を心がけましょう。

3.5.3 | 予防(チェックリスト)

職員の気づきの感度を上げるために、チェックリストなどを活用して「不適切な保育」の具体例を明示することも効果的です。全国保育士会のセルフチェックリスト(**table 3.6**)は、東京都中央区の認可保育所や認定こども園でも活用していますので、参考に御覧ください。

全職員が「子どもの利益最優先」という保育を最初から実践できるわけではありません。園が職員を育成することで実現できるものです。個人の資質に頼ることなく、園全体で育成できる環境をつくりましょう。

table 3.6 保育者のセルフチェック／
出典:全国保育士会『保育所・認定こども園等における人権擁護のためのセルフチェックリスト～「子どもを尊重する保育」のために～』9頁、2017年

一日の流れ	「良くない」と考えられるかかわり	あなたの保育では？ チェック欄	より良いかかわりへのポイント
日中	いつまでも泣いている男の子に、「男の子だからいつまでも泣かない」や、乱暴な言葉遣いをする女の子に「女の子だからそんな言葉を使ったらいけない」と注意する。	□していない □している (したことがある)	性別を理由に注意することは、差別的なかかわりです。一人ひとりの違いを認め、かかわりましょう。
昼食時	少食の子に対して、子どもの意見を聞かず、初めから非常に量を少なくして配膳する。	□していない □している (したことがある)	子どもの意見を聞かず、給食の量を「初めから極端に減らす」ことは、子どもの思いを無視した行為です。子どもが、「少なくして欲しい」と自分の思いを発せられるようにかかわることが大切です。
午睡時	寝かしつける際に、いつも同じ子どものそばにばかりつく。	□していない □している (したことがある)	特定の子どもばかりを極端にひいきすることは、差別的なかかわりです。 子ども一人ひとりの背景や思いに配慮しつつ、平等に対応することも必要です。

3.5.4 | 連携支援体制（中央区の例）

行政との連携も重要です。判断に迷うケースなどは、自治体にも相談して改善策を考えましょう（fig. 3.11）。

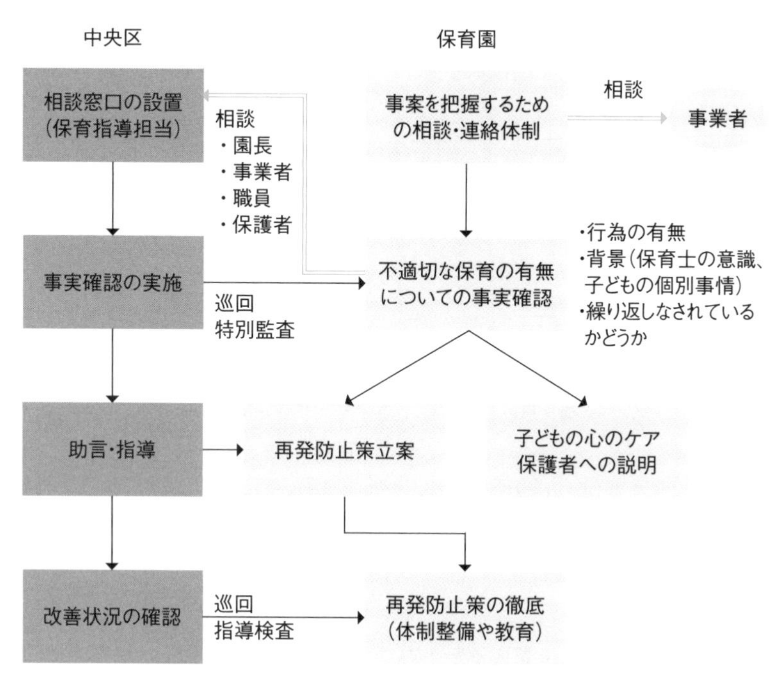

fig. 3.11 中央区の連携支援体制

Casestudy **7**
グローバルキッズかきがら園（東京都中央区）

チェックリストを使った虐待防止

チェックリスト（**table 3.6**）を使った虐待防止の取組みについて、グローバルキッズかきがら園の事例を紹介します。

本園では、全員がそれぞれの役割から子どものことを考え、「保育目標」や「保育方針」をつくり、自分たちの考えで園を運営している『チームブック』という独自の取組みを実践しています。職員みんなで考えることを大切にして、一人ひとりが納得して同じ方向に進むことができます。///

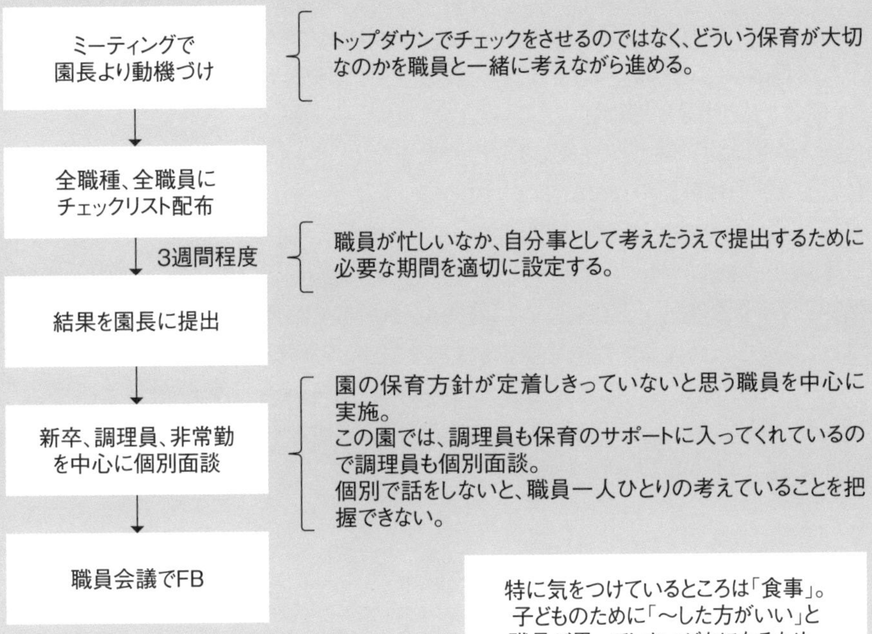

ミーティングで園長より動機づけ
→ トップダウンでチェックをさせるのではなく、どういう保育が大切なのかを職員と一緒に考えながら進める。

↓

全職種、全職員にチェックリスト配布

↓ 3週間程度
→ 職員が忙しいなか、自分事として考えたうえで提出するために必要な期間を適切に設定する。

結果を園長に提出

↓

新卒、調理員、非常勤を中心に個別面談
→ 園の保育方針が定着しきっていないと思う職員を中心に実施。
この園では、調理員も保育のサポートに入ってくれているので調理員も個別面談。
個別で話をしないと、職員一人ひとりの考えていることを把握できない。

↓

職員会議でFB

特に気をつけているところは「食事」。
子どものために「〜した方がいい」と
職員が思ってしまいがちになるため。

fig. 3.12　虐待防止に向けた園の体制

Casestudy **8**
みちてる保育園（東京都中央区）

職員の目標としている保育を実現させるための支援

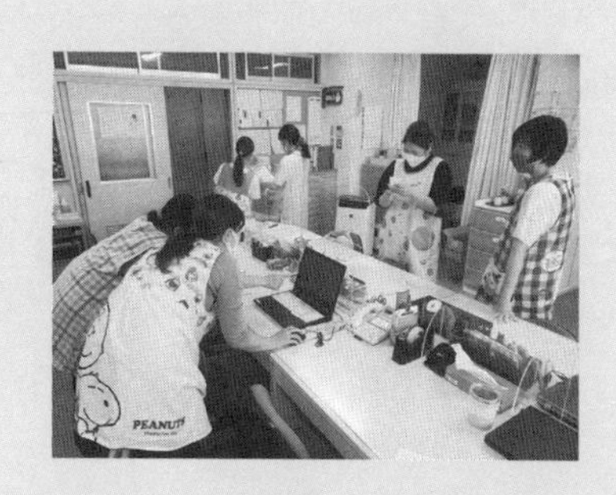

中央区で一番最初に開園した私立認可保育所である「みちてる保育園」。区内でも職員の定着率が高い保育所です。「保育者がもともと目標としていた保育を実現に近づけていくことが定着率アップにつながる」と語る園長の職員マネジメントを一部紹介します。

○少ない記述でもわかりやすくまとめることに重きを置く

事務仕事の省力化のため、ICT導入を始め、転記などの無駄な作業は極力避けるように、また、記録として必要な部分を抜き出せるように育成しています。ただ記録するのではなく、ねらいが達成できるような保育をしたという成功体験を記録する、その結果、子どもの成長に必要な存在になっているということが感じられるような工夫をしています。

○その場に必要な保育士数を職員が考える

登園状況によって、その日に必要な保育士の数が変わることがあります。そんなとき、丁寧に子どもに接することもできますが、子どもに直接かかわる以外の準備を進めていくこともできます。ほかのクラスの行事の手伝いをすることもできます。どちらも子どものためになるのです。職員はそのクラスのことだけでなく、園全体のことを考え、余裕ができたらどういう仕事をすればいいかを各自で判断して動きます。

○職員の声を聴く

園長はよく、職員の話を聴く機会を頻繁に設けています。その結果、園長は職員が実現したい保育についても、よく把握しています。それができなければ、実現させるための支援ができないからです。園長の仕事は、職員の実現したい保育へ導くことだといいます。

○無駄をなくし、子どものための保育を充実させていく

これができれば、保育士のモチベーションは上がり、保育士はやりがいも感じ、もっとこうしたいという前向きな気持ちで保育に臨むことができます。どれも特別なことではないかもしれませんが、一つひとつのことを確実に実施することを大切にしている、みちてる保育園の取組みです。

Chapter 4

保育サービス提供責任者としての役割

Section 0

はじめに

近年は「保育サービス」といわれるようになりましたが、保育所は児童福祉施設であり、サービス業ではありません。保護者にとって、保育所等は子育てのパートナーであり、保護者とは信頼関係の構築が必要です。

本章では、保護者との信頼関係を構築するために、保育所等を運営するうえで意識したいことを考えます。大切なのは、園に求められているコミュニケーション手段です。単なる事務作業の一環ではなく、何のために必要とされているのかを理解しましょう。保育の質の向上のためにも、非常に重要な視点となります（**fig. 4.1**）。

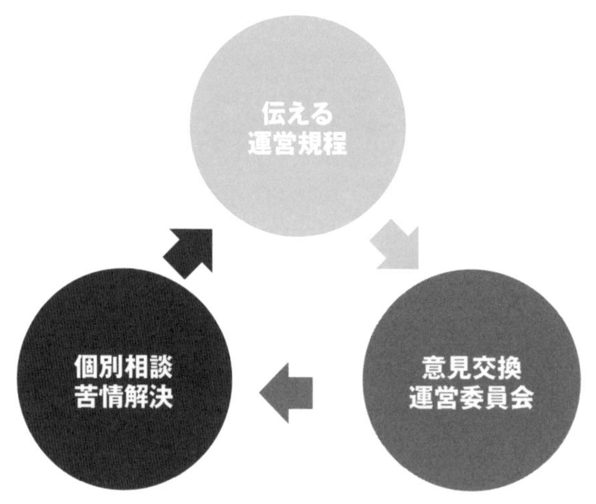

fig. 4.1　保護者との信頼関係の構築に必要な循環

Section 1
保育所運営規程(園規則)

4.1.1 | 伝える

認可保育所、認定こども園では、運営規程を定めておかなければなりません。重要事項説明書とは別になっており、**table 4.1** にあげた必須規程事項があります。この項目を盛り込んでいれば、重要事項説明書や園のしおりで代用することが可能です。

どういう園で、何を大切にしているのかを保護者に理解してもらうための利用案内と考えましょう。そのため、いつでも確認したいときに保護者が確認できるようにしておきましょう。 ///

table 4.1 運営規程における必須規程項目

	必須規程事項
(1)	施設の目的、運営の方針
(2)	提供する保育の内容
(3)	職員の職種、員数、職務の内容
(4)	保育を行う日・時間、提供を行わない日
(5)	保護者から受領する費用の種類、理由、額
(6)	乳児、満3歳未満の幼児、満3歳以上児の区分ごとの利用定員(子ども・子育て支援法)
(7)	保育所の利用開始・終了にかかわる事項、利用にあたっての留意事項
(8)	緊急時等における対応方法
(9)	非常災害対策
(10)	虐待の防止のための措置に関する事項
(11)	保育所の運営に関する重要事項

4.1.2 | 理解を得る

入園説明会などで「運営規程」(**fig. 4.2**) を交付して園の説明を行い、保護者に「同意書」(**fig. 4.3**) を配布して同意を得ておくことを推奨します。一方的な説明になっているのではなく、保護者の理解を得たという証拠として回収しておいたほうがよいでしょう。 ///

中央区立■■保育園の運営についての重要事項に関する規程
（運営規程）

（名称等）
第１　中央区（以下「区」という。）が設置するこの保育園の名称及び所在地は、次のとおりとする。
一　名　称　　中央区立■■保育園
二　所在地
（施設の目的及び運営方針）
第２　中央区立■■保育園（以下「当園」という。）は、保育を必要とする乳児及び幼児を日々受け入れ、保育事業を行うことを目的とする。
２　当園は、保育の提供に当たっては、入園する乳児及び幼児（以下「園児」という。）の最善の利益を考慮し、その福祉を積極的に増進することに最もふさわしい生活の場を提供するよう努めるものとする。
３　当園は、保育に関する専門性を有する職員が家庭との緊密な連携の下に、園児の状況や発達過程を踏まえ、養護及び教育を一体的に行うものとする。
４　当園は、園児の属する家庭や地域との様々な社会資源との連携を図りながら、園児の保護者に対する支援及び地域の子育て家庭に対する支援等を行うよう努めるものとする。
５　当園は、「児童福祉施設の設備及び運営に関する基準(昭和２３年厚生省令第６３号)」その他関係法令・通知等を遵守し、事業を実施するものとする。
（利用定員）
第３　当園の利用定員は、子ども・子育て支援法（以下「法」という。）第１９条第１項各号に掲げる小学校就学前子どもの区分ごとに、次のとおり定める。
一　法第１９条第１項第２号の子ども（保育を必要とする３歳以上児。以下「２号認定子ども」という。）　　人
二　法第１９条第１項第３号の子ども（保育を必要とする３歳未満児。以下「３号認定子ども」という。）のうち、満１歳以上の子ども　　人
三　３号認定子どものうち、満１歳未満の子ども　　人
（提供する保育等の内容）
第４　当園は、保育所保育指針（平成２９年厚生労働省告示第１１７号）に基づき、以下に掲げる保育その他の便宜の提供を行う。
一　特定教育・保育（法第２７条第１項に規定する特定教育・保育をいう。以下同じ。）
教育・保育給付認定を受けた保護者（以下「教育・保育給付認定保護者」という。）に係る園児に対し、当該教育・保育給付認定における保育必要量（法第２０条第３項

fig. 4.2　運営規程の例

同意書

当園における保育の提供を開始するに当たり、本書面に基づき重要事項の説明を行いました。

中央区立■■保育園

説明者職名：園長（副園長）

私は、本書面に基づいて■■保育園の利用に当たっての重要事項の説明を受け、同意しました。

年　　月　　日

保護者住所：

園児氏名　：

保護者氏名：　　　　　　　　　　印

個人情報使用同意書

下記の園児及びその保護者等に係る個人情報については、以下の目的のために必要最小限の範囲内において使用することに同意します。

・ 園生活において園児が潤滑に園生活を送れるようにするため、もしくは園生活を保護者に対してお知らせする場合など、必要に応じて使用します。
・ 保育の記録として使用します。
・ 小学校への円滑な移行・接続が図れるよう、卒園に当たり入学予定の小学校との間で情報を共有すること。
・ 他の保育園へ転園する場合その他の兄弟姉妹が別の施設に在籍する場合において、他の施設との間で必要な連絡調整を行うこと。
・ 緊急時において、病院その他の機関に対して必要な情報提供を行うこと。

■■保育園　園長

年　　月　　日

園児氏名

保護者氏名　　　　　　　　　　印

保護者住所

fig. 4.3　同意書のサンプル

Section 2
運営委員会

運営委員会*設置の目的は、より良く園を運営するためです。園としては、開催年度の保育計画を共有したり、保育や行事の目的、狙いを説明したり、場合によっては保護者に相談することもあるでしょう。保護者のメンバーは、保護者の代表として、園に聞きたいことや要望を伝えます。園と保護者が双方向のやり取りをすることで、互いの理解を深め、園の運営に活かしていきましょう(fig. 4.4)。

*——社会福祉法人または学校法人以外が設置する保育所のみ、運営委員会の設置が必要

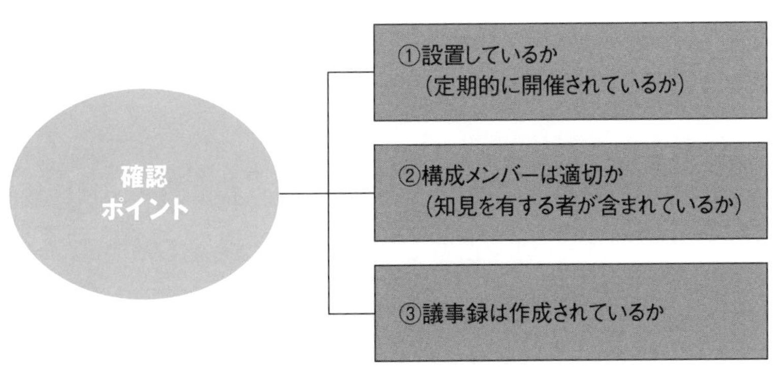

fig. 4.4　運営委員会の確認ポイント

4.2.1 | 設置しているか

年1回以上の開催

定期開催の根拠は「毎年開催している」「開催予定がある」ことです。ただし、自治体によっては、年間に必要とされる回数が異なることもありますので、管轄自治体に確認が必要です。

構成メンバーが決まっているか

指導検査の時期によっては、当年度に開催していない場合もあるかと思います。その場合でも、構成メンバーが決まっていることが望ましいので、年度当初に決められるようにしておきましょう。

保護者	知見を有する者	施設長
・保育サービス利用者	・社会福祉事業について知識経験を有する者	・実務を担当する幹部職員

fig. 4.5　運営委員会の構成メンバー

4.2.2 | 構成メンバーは適切か

運営委員会のメンバーには、**fig. 4.5**にあげた人が必要です。それぞれが1名である必要はありません。保護者の意見は、子どもの年齢によって異なる場合があるため、学年の異なる複数名の保護者に依頼するのが一般的です。

また、園長のほか、他園や他事業、事業者の代表が参加することもあります。その理由は、園単体ではなく、事業者として大切にしていることや方針を説明したり、事業者としての判断を回答する必要があるためです。

運営委員会は、指導検査のために開催するのではなく、普段、十分に説明できていない園の運営について保護者の理解を得たり、利用者としての意見を聞くことで運営の品質向上に活かすことが重要です。

保護者会と運営委員会の違い

保護者会は、個人（個々の家庭）としての参加が基本ですが、運営委員会は利用者の代表としての参加です。保護者会を実施していても、それが運営委員会を実施していることにはなりません。

4.2.3 | 議事録は作成されているか

議事録作成の目的は、「共有」「実施記録」のためです。前項で述べたように、参加者は保護者を代表して参加しています。議事録を作成後、園内へ掲示するなどして、参加者以外の保護者や職員にも情報共有をするようにしましょう。

また、日頃の保育所運営に関して苦情があった場合は、解決内容を運営委員会で報告し、議事録で全保護者に報告することも可能です（苦情解決の流れは、「苦情解決」で説明）。

4.2.4 | コロナ禍における運営委員会の開催

新型コロナウイルス感染症の感染拡大を懸念して、運営委員会の集合開催を心配する園が多く出ました。集合開催が必須なのか、オンライン、書面開催などの代替案が認められるかどうかは、事前に管轄自治体等に確認してください。

中央区では、開催方法は問いませんが、第三者を含めた意見交換を実施できているかどうかを確認しています。保護者アンケートを収集している園がありましたが、単に保護者からアンケートを収集して改善策を提示するだけでは、開催目的が十分に満たされているとはいえないとしています。

Section 3
苦情解決

園では、保護者（利用者）からの要望や苦情、相談がいつ発生するかわかりません。発生した際に、やり取りが行える体制を園側がつくっているかどうかがポイントになります（fig. 4.6）。

4.3.1 | 苦情解決体制

［苦情解決体制］

・苦情解決の仕組みの周知
・苦情申出人と苦情調整・解決を図り、改善結果の報告等

➡施設長

・苦情を受付し、苦情解決責任者、第三者委員への報告
・受付から解決・改善までの経過と結果の報告及び記録

➡職員のなかから任命

・苦情の放置や密室化を防ぐ
・中立性、公正性、客観性を確保する
・利用者と事業者を対等な立場に導く

➡経営者の責任において選任
※複数が望ましい

fig. 4.6　苦情解決体制

4.3.2 | 第三者委員

運営委員会の参加メンバーである「社会福祉事業について知識経験を有する者」と苦情解決の「第三者委員」の要件は同じである。

✖

第三者委員としての要件は次のとおりです。

・苦情解決を円滑・円満に図ることができる者であること。

・世間からの信頼性を有する者であること。

社会福祉士、民生委員、大学教授、弁護士など、委員の肩書きを問うわけではありませんが、信頼性の根拠を説明できるようにしてください。

保護者のなかには、子どもを預かってもらっているので、園には直接意見を言いにくいと考える人もいます。また、園長や担任に相談したけれど、双方の意見が並行して解決しないこともあります。そこで、第三者委員が窓口として必要になるのです。

中立性の確保のため、第三者委員への報酬は実費弁償を除き、できる限り無報酬とすることが望ましいとされています。

4.3.3 | 苦情解決の流れ

普段、相談や苦情などは担任や園長に相談することで解消するでしょう。しかし、利用者が第三者委員を交えた相談を希望したり、園長の説明では解決しなかった場合などは、**fig. 4.7** の流れを参考に対応してください。

4.3.4 | 解決結果の公表

保護者から苦情があった場合、解決のために話し合いの場を設け、結果を苦情管理簿に記録している園も多いでしょう。注意すべきは、当事者以外の保護者にも共有できているかです。

「どのような意見があったのか」

「どう回答したのか」

「どのように取り組むことにしたのか」

保護者に対し、園のサービスや保育の質、信頼性の向上を図るため、ホームページやブログなどを活用するほか、「クラス便り」「園便り」等に掲載して公表・共有することが重要です。「運営委員会」で報告を行い、議事録を掲示する方法もあります。

一部の保護者が感じていることは、ほかの保護者も同じようなことを感じているかもしれません。すべての意見に沿う必要はありませんが、その場合の理由や判断を含め、保護者に園の方針を知っていただくことが、園の信頼確保のためには必要です。 ///

01 利用者への周知
苦情解決の仕組みを掲示物や園のしおり等で周知します。

02 苦情受付
苦情を受け付け、その内容を苦情管理簿に残し、申出人に確認します。第三者委員が直接苦情を受け付けることもできます。

03 苦情受付の確認・報告
申出人が拒否した場合を除き、苦情責任者及び第三者委員に報告します。それぞれが解決策を検討します。

04 苦情解決に向けての話し合い
苦情責任者は申出人と話し合い、解決案を提示します。

05 苦情解決の記録・報告
苦情受付担当者は、苦情受付から解決・改善までの経過と結果について苦情管理簿に記録します。苦情責任者は適宜第三者委員に報告します。

06 解決結果の公表
苦情解決の取り組み実績を園便り、ホームページ等で公表します。

fig. 4.7 苦情対応の流れ

Chapter 5

こんな時は注意

Section 1

年度替わり

保育所等における年度替わりは繁忙期で、実施すべき作業も多岐にわたります。保育にかかわる内容は保育者として経験していることが多いと思いますが、園長の立場として、指導検査の視点では以下の4点に注意しましょう。

①36（サブロク）協定*の締結
②運営委員会保護者代表の決定
③新規採用職員の雇入時健康診断実施
④内容変更届の提出

*――正式には「時間外・休日労働に関する協定届」。1日8時間、週40時間の法定労働時間を超えて働く場合に交わす労使協定を指します。

①の36協定には期限があります。毎年締結し、労働基準監督署への届出を忘れないようにしましょう。

②の運営委員会の構成メンバーである保護者は、在園児の保護者になります。さまざまな意見を聞くためにも、毎年変更している園が多いでしょう。年度当初に決定する必要はありませんが、早めに保護者に打診しておきましょう。

③年度替わりは異動や退職により職員の入れ替わりが発生します。系列園から異動してくる職員は、異動元で健康診断を実施していると思われますが、新規採用職員の場合は注意しましょう。特に調理・調乳を担当する職員が新規採用の場合、必ず健康診断や検便の結果が出てから業務をしてもらうようにしましょう。

④園長交代、会社名変更、定員変更、部屋割り変更などを実施する際には、内容変更届を自治体に提出する必要があります。施設運営をするなかで何か変更が発生した際には、「これは届出が必要だったかな？」と考えられると良いでしょう。

Section 2
短期アルバイト採用時

水遊びやプール遊びを実施する時期になると、短期の夏季アルバイトを採用する園があると思います。また、コロナ禍においては、消毒対応などで短期のアルバイトを採用したり、年度初めに交通整理のアルバイトを採用している園もあるかもしれません。

短期のアルバイトを雇用する際の注意点は、次の２点です。

①雇用契約書の作成

②労働者名簿の作成

①園が賃金を支払う場合は、その園の労働者となります。そのため、労働条件の明示が必要です。通常の非常勤採用（アルバイト）と同じ仕組みであれば、漏れることは少ないでしょう。短期であることからイレギュラーな対応をしている場合は、注意が必要です。

②作成漏れを防ぐためには、短期の労働であっても職員名簿に掲載するなど、書類上も職員として扱うことをお勧めします。

Section 3
職員の処遇改善時

就業規則の内容に変更が発生した場合は、労働基準監督署への届出が必要になります。近年、保育士の処遇改善が何度か実施されていますが、職員の賃金に関する事項が変更になった場合は、就業規則（または給与規程等）の変更が発生しますので、届出が必要です。また、最低賃金の変更により処遇改善している場合も同様です。

就業規則は職員が確認したいときに確認できる状態にしておく必要があります。事務室や休憩室などに備え付けたり、社内ネットワーク上で閲覧できるようにしておきましょう（**fig. 5.1**）。

就業規則（変更）届

令和　　年　　月　　日

＿＿＿＿＿＿＿＿ 労働基準監督署長　殿

今回、別添のとおり当社の就業規則を制定・変更いたしましたので、意見書を添えて提出します。

主な変更事項

条文	改正前	改正後

労働保険番号	都道府県	所轄	管轄	基幹番号	枝番号	被一括事業番号
ふりがな 事業場名						
所在地	TEL					
使用者職氏名	㊞					
業種・労働者数		企業全体 事業場のみ	人 人			

（前回届出から名称変更があれば旧名称
また、住所変更もあれば旧住所を記入。）

fig. 5.1　就業規則（変更）届

Section 4

園長交代時

園長が代わった際には、内容変更届を自治体に提出することはもちろん、施設によっては園のしおりや重要事項説明書に記載されている園長名の変更が必要です。Chapter4で説明した苦情解決責任者の更新なども必要ですが、忘れがちなのは防火管理者選任届の更新です。

多くの園で園長が防火管理者になっていると思われます。その場合は、防火管理者選任届を消防署に提出する必要があります。新しく園長に就任された人は、上記書類の変更が済んでいるか、確認をするようにしてください(**fig. 5.2**)。

別記様式第1号の2の2（第3条の2関係）（第51条の9関係）

防火
防災 管理者選任（解任）届出書

年　月　日

東京消防庁

消防署長　殿

届出者

住　所

（法人の場合は、名称及び代表者氏名）

氏　名

下記のとおり、防火
防災 管理者を選任（解任）したので届け出ます。

記

<table>
<tr><td rowspan="9">防火対象物</td><td rowspan="9">建築物その他の工作物又は</td><td>所　在　地</td><td colspan="5"></td></tr>
<tr><td>名　　称</td><td colspan="5">電話（　　）</td></tr>
<tr><td>用　　途</td><td></td><td>令別表第1</td><td>（　　）項</td><td>収容人員</td><td></td></tr>
<tr><td>種　　別</td><td colspan="2">□甲種　□乙種</td><td>管理権原</td><td colspan="2">□単一権原　□複数権原</td></tr>
<tr><td>区　　分</td><td colspan="2">名　　称</td><td>用　途</td><td colspan="2">収容人員</td></tr>
<tr><td rowspan="2">※令第2条を適用するもの</td><td colspan="2"></td><td></td><td colspan="2"></td></tr>
<tr><td colspan="2"></td><td></td><td colspan="2"></td></tr>
<tr><td rowspan="2">※令第3条第3項を適用するもの</td><td colspan="2"></td><td></td><td colspan="2"></td></tr>
<tr><td colspan="2"></td><td></td><td colspan="2"></td></tr>
</table>

<table>
<tr><td rowspan="14">防火・防災管理者</td><td rowspan="10">選任</td><td colspan="3">氏名（フリガナ）・生年月日</td><td colspan="2">年　月　日生</td></tr>
<tr><td colspan="3">住　所</td><td colspan="2"></td></tr>
<tr><td colspan="3">選任年月日</td><td colspan="2">年　月　日</td></tr>
<tr><td colspan="3">職務上の地位</td><td colspan="2"></td></tr>
<tr><td rowspan="6">資格</td><td rowspan="3">講習</td><td>種　別</td><td>□甲種（□新規講習　□再講習）□乙種</td><td>□防災管理（□新規講習　□再講習）</td></tr>
<tr><td>講習機関</td><td></td><td></td></tr>
<tr><td>修了年月日</td><td>年　月　日</td><td>年　月　日</td></tr>
<tr><td colspan="2" rowspan="2">そ　の　他</td><td>令第3条第1項第　号（　　）</td><td>令第47条第1項第　号（　　）</td></tr>
<tr><td>規則第2条第　号（　　）</td><td>規則第51条の5第　号（　　）</td></tr>
<tr><td colspan="4"></td></tr>
<tr><td rowspan="3">解任</td><td colspan="3">氏　名</td><td colspan="2"></td></tr>
<tr><td colspan="3">解任年月日</td><td colspan="2">年　月　日</td></tr>
<tr><td colspan="3">解任理由</td><td colspan="2"></td></tr>
</table>

その他必要事項	
※※　受付欄	※※　経過欄

備考

1. この用紙の大きさは、日本産業規格A4とすること。
2. 「防火
防災」の横書きの文字については、該当しない文字を横線で消すこと。
3. ※印の欄は、消防法施行令第2条を適用するものにあっては同一敷地内にある同令第1条の2の防火対象物ごとに、同令第3条第3項を適用するものにあっては管理権原に属する部分ごとに記入すること。
4. 消防法施行令第1条の2第3項第2号及び第3号の防火対象物にあってはその他必要な事項の欄に工事が完了した際の防火対象物の規模を記入すること。
5. 消防法施行令第3条第2項又は同令第47条括弧書を適用するものにあってはその他必要な事項の欄に管理的又は監督的な地位にある者のいずれもが防火及び防災管理上必要な業務を適切に遂行することができない理由を記入すること。
6. □印のある欄については、該当の□印にレを付けること。
7. ※※印の欄は、記入しないこと。

fig. 5.2　防火・防災管理者変更届出書

Chapter

6

施設調査書の書き方

Section 1
施設調査書とは

施設調査書は、施設（園）を運営するための基準が守られているのか確認するための書類であり、実地指導は、この施設調査書を参考に実施されます。

本来であれば、施設調査書をもとにヒヤリングが行われ、書かれていることの根拠を確認することになります。しかし、施設調査書はページ数が膨大であり、初めて作成する人にとってはとても大変な作業であるため、書かれている内容の精度が高くなかったり、未記入であることが多くあります。その結果、園側が多大な労力をかけて作成した施設調査書を、自治体側が十分に活用できない、ということが起こってしまいます。

施設調査書は園側にとって負担が大きいので、指導監査を全園実施するのであれば不要ともいえます。しかし、現在はコロナ禍ということもあり、実地指導の時間を短縮する必要性も出てきました。また、施設調査書は、いわば指導監査の事前確認の意味合いもあるので、作成をしながら、園長自身が自園の状態を確認する良い機会になります。やっつけ仕事として施設調査書を作成してしまうと、園と自治体がお互いに無駄な時間をかけることになってしまうので、提出が必須である園は、何を確認されているのか、どうしてこの内容を聞かれているのかを理解したうえで作成しましょう。

全自治体で提出が義務づけられているわけではありませんので、ここでは、東京都の施設調査書（民間保育所）をベースに、運営管理部分の書き方について解説します。///

Section 2
記入すべき内容

6-2-1 | 園の概要

fig.6.1　概要記入／出典:東京都福祉保健局「施設調査書(民間保育所)」

令和［　　］年度　施設調査書(民間保育所)　※公設民営保育所については、保育所と区市主管課とで協力して記載していただきますようお願いします。

施設名	

郵便番号	
施設所在地	
電話番号	
FAX番号	
(分園所在地)①	
(分園所在地)②	
(分園所在地)③	
(分園所在地)④	

設置主体	❶	※経営(設置主体と異なる場合のみ記入)	
代表者名	❷	経営主体	❸
施設長名		代表者名	❹
事業開始年月日	❺		

直近の認可内容の変更❻

届出年月日	❼
変更内容	❽

❶設置主体

法人名を記入します。社会福祉法人名、株式会社名、学校法人名、などです。

❷代表者名

法人の代表者名を記入します。代表取締役や理事長などが一般的です。

❸経営主体

設置している法人と、保育所を運営している法人が異なる場合に記入します。設置主体では直接運営をせず、保育所運営を委託している場合などは忘れずに記入しましょう。

❹代表者名

経営主体が設置主体と異なる場合、経営主体の代表者名を記入します。

❺事業開始年月日

保育所の開設年月日を記入します。いつ保育所が開園したかということです。

❻直近の認可内容の変更

認可保育所の場合、設置主体が行政に対し、認可して欲しい保育所の内容を届け出ます。具体的には、園長は誰なのか、どういう部屋割りにするのか、年齢別の定員は何人にするのか、事業者はどういう名称で、代表者は誰なのか、などです。認可保育所は、届け出ている内容で認可を受けているので、その内容に変更があった場合には変更を申告する必要があります。

❼届出年月日

一番新しい、認可内容の変更届出日を書きます。管轄の自治体に変更届を提出していると思うので、その日付を記入しましょう（82ページ参照）。園長が代わっているのに申請を出し忘れていることに気づいた場合は、管轄の自治体に連絡のうえ、提出するようにしましょう。

❽変更内容

変更した認可内容を記入します（園長の変更など）。年度替わりのタイミングは複数の変更が同時に発生する可能性があります。まとめて変更している場合は、その変更内容をすべて記入しましょう。

6-2-2 | 備付帳簿

fig.6.2 備付帳簿／出典:東京都福祉保健局「施設調査書(民間保育所)」

施設名 ＿＿＿＿＿＿＿＿

(注)作成の有無を記入してください。

区分		帳簿名	有無		帳簿名	有無
運営管理	1	事業計画書	❶	15	給与(賃金)台帳	⓯
	2	事業報告書	❷	16	社会保険・雇用保険関係書類	⓰
	3	管理規程(保育所運営規程等)	❸	17	源泉徴収税関係書類	⓱
	4	業務分担表	❹	18	労働条件通知書(雇用契約書)	⓲
	5	職員会議録	❺	19	職員健康診断記録	⓳
	6	就業規則(給与規程等を含む)	❻	20	研修関係書類	⓴
	7	職員履歴書	❼	21	業務日誌(園･施設日誌)	㉑
	8	資格証明書	❽	22	児童福祉施設設置認可書(内容変更含む)	㉒
	9	労働者名簿	❾	23	消防署関係書類	㉓
	10	勤務割(ローテーション)表	❿	24	避難・消火訓練記録	㉔
	11	出勤簿(タイムカード)	⓫	25	建物設備関係書類	㉕
	12	超過勤務命令簿	⓬	26	退職金関係書類	㉖
	13	年次有給休暇整理簿	⓭	27	直近の平面図	㉗
	14	出張命令簿	⓮			

備付帳簿には、園に備えておくべき書類が書かれています。これらは基本的にすべて「有」となるべきです。しかし、内容もわからない状態で「有」と書いて、実地検査で提出できないのは困ります。園で使用している書類の名称を、ここに記載されている書類名に揃える必要はありませんが、どのようなものを指していて、それは当園でこれだということを把握しておきましょう。

❶事業計画書

毎年、保育の全体計画を作成すると思います。それに、職員構成などの運営の観点を追記したものをイメージするとわかりやすいかもしれません。

※運営の観点例

・運営の基本方針(サービス内容、行事、健康管理等)

・組織管理(職員構成、職務分担、職員研修等)

・安全管理、防火管理

運営委員会で当年度の方針や職員体制を説明する園も多いかと思いますが、それを事業計画書としている園もあります。大切なのは、前年度の振り返りをもとに、当年度の計画を保育内容だけではなく、運営の観点を含めて作成しているかということです。園長は、保育内容だけではなく、園全体のことを考えた計画を作るようにしましょう。

❷事業報告書

事業計画の振り返りです。

❸管理規程（保育所運営規程等）

73ページ参照

❹業務分担表

❺職員会議録

57ページ参照

❻就業規則

就業規則は、使用者が定める労働条件や職務上の規則に関する規則類です。就業規則本則だけを就業規則と呼ぶわけではありません。別規程として給与規程や旅費規程などを設けた場合は、それらすべてを含みます。

就業規則は、職員がいつでも見られるように保育所の見やすい場所への備付け、あるいは会社のフォルダに格納するなど、周知しておく必要があります。

❼職員履歴書

職員面接時に提出しているもので大丈夫です。収納スペースなどの問題で、普段は園で保管していないこともあるかと思いますが、実地検査の時には準備しておくことが必要です。

❽資格証明書

保育士、幼稚園、看護師、栄養士、調理師などの職員の資格を証明するものです。すべての資格を証明する必要はありません。例えば、栄養士の配置が必須とされていない、あるいは補助金の条件として栄養士の配置が必要とされていないのに、栄養士の資格証は必要ありません。保育士の証明書についての注意事項は55ページを参照してください。

❾労働者名簿

労働者名簿は事業所ごとに作成・保管が義務づけられており、情報が変更されるたびに改訂していくことが労働基準法で定められています。

労働者名簿で記載しなければならない事項には、以下の8項目が定められています。

○労働者氏名

○生年月日

○履歴…「異動や昇進など社内での履歴」を記載します。

○性別

○住所…転居などで住所変更した場合も、その都度更新します。

○従事する業務の種類…社内での業務内容や役割を記載します。ただし、労働者数が30人未満の事業では、記入は必須ではありません。

○雇用年月日

○退職や死亡年月日とその理由・原因…退職の事由が解雇の場合、その理由を明記する必要があります。

❿勤務割（ローテーション）表

シフト表です。予定通りにいかない場合もあると思いますが、その場合は手書きでもいいので、変更後、実際に勤務した人がわかるものを用意しましょう。

⓫出勤簿

タイムカードなど、職員ごとの出勤が確認できるもの。データで管理しているものを含みます。

⓬超過勤務命令簿

いつ、だれが、どういう理由で、どのくらいの時間を残業するのか、実残業時間などが書かれたものを指します。園長が承認したこともわかるようにしておく必要があります。

⓭年次有給休暇整理簿

⓮出張命令簿

出張とは、「職員が業務のために、配属先の保育所とは異なる場所に出向く行為」を指します。出張がない保育所は不要です。配属先の保育所以外で研修や勤務（ヘルプ）が発生している場合は、準備するようにしましょう。常勤なのに日誌等で配属先の保育所での勤務が確認できない場合などに、根拠として用意します。

⓯給与（賃金）台帳、⓰社会保険・雇用保険関係書類、⓱源泉徴収税関係書類

入るべき保険に加入させているか、税金を給与からあらかじめ差し引いて国に納付しているか、を確認するためのものです。実地検査では賃金台帳を見て確認することが多いと思います。

⓲労働条件通知書（雇用契約書）

雇用契約を締結する場合、労働条件の詳細を明記した書面を交付することが法律で義務づけられています。事業者として、職員に明示しているのかを確認します。

⓳職員健康診断記録

62ページ参照

⓴研修関係書類

研修計画や受講記録。58ページ参照。

㉑業務日誌（園・施設日誌）

㉒児童福祉施設設置認可書（内容変更含む）

前述した認可保育所としての申請を認可したという書類です。認可を受けた内容で運営されているのかを確認します。

㉓消防署関係書類

防火管理者手帳、防火管理者選任届、消防計画届出書（消防署受領印）、事業所防災計画（都内施設の場合）、消防署立入検査結果通知書（立入検査があった場合）、消防用設備等点検結果報告書控は必須です。

㉔避難・消火訓練記録

30ページ参照

㉕建物設備関係書類

22ページ参照

❷⁶退職金関係書類

❷⁷直近の平面図

認可を受けた平面図の内容に変更がないか確認するためです。認可を受けた平面（または直近の平面図）を見ながら実地確認となります。

6-2-3 | 児童の入所情報

fig.6.3 児童の入所情報/出典:東京都福祉保健局「施設調査書(民間保育所)」

<table>
<tr><th colspan="3" rowspan="2">区分</th><th rowspan="2">0歳児</th><th rowspan="2">1歳児</th><th rowspan="2">2歳児</th><th rowspan="2">3歳児</th><th colspan="2">4歳以上児</th><th colspan="2" rowspan="2">計</th><th colspan="2" rowspan="2">定員充足率(%)</th></tr>
<tr><th>4歳児</th><th>5歳児</th></tr>
<tr><td rowspan="2">令和4年4月1日現在(注1)</td><td colspan="2">認可定員❶</td><td></td><td></td><td></td><td></td><td></td><td></td><td>A</td><td>0</td><td colspan="2"></td></tr>
<tr><td colspan="2">在籍児童数❷</td><td></td><td></td><td></td><td></td><td></td><td></td><td>B</td><td>0</td><td>B/A</td><td>0.0%</td></tr>
<tr><td rowspan="17">検査日現在(注2)</td><td colspan="2">認可定員</td><td></td><td></td><td></td><td></td><td></td><td></td><td>C</td><td></td><td colspan="2" rowspan="6"></td></tr>
<tr><td rowspan="5">内訳</td><td>本園</td><td></td><td></td><td></td><td></td><td></td><td></td><td>—</td><td></td></tr>
<tr><td>分園①</td><td></td><td></td><td></td><td></td><td></td><td></td><td>—</td><td></td></tr>
<tr><td>分園②</td><td></td><td></td><td></td><td></td><td></td><td></td><td>—</td><td></td></tr>
<tr><td>分園③</td><td></td><td></td><td></td><td></td><td></td><td></td><td></td><td></td></tr>
<tr><td>分園④</td><td></td><td></td><td></td><td></td><td></td><td></td><td>—</td><td></td></tr>
<tr><td colspan="2">在籍児童数</td><td></td><td></td><td></td><td></td><td></td><td></td><td>D</td><td></td><td>D/C</td><td></td></tr>
<tr><td rowspan="5">内訳</td><td>本園</td><td></td><td></td><td></td><td></td><td></td><td></td><td>—</td><td></td><td colspan="2" rowspan="9"></td></tr>
<tr><td>分園①</td><td></td><td></td><td></td><td></td><td></td><td></td><td>—</td><td></td></tr>
<tr><td>分園②</td><td></td><td></td><td></td><td></td><td></td><td></td><td>—</td><td></td></tr>
<tr><td>分園③</td><td></td><td></td><td></td><td></td><td></td><td></td><td></td><td></td></tr>
<tr><td>分園④</td><td></td><td></td><td></td><td></td><td></td><td></td><td>—</td><td></td></tr>
<tr><td colspan="2">一時保育児童数❸</td><td></td><td></td><td></td><td></td><td></td><td></td><td>—</td><td></td></tr>
<tr><td colspan="2">定期利用保育児童数❹</td><td></td><td></td><td></td><td></td><td></td><td></td><td></td><td></td></tr>
<tr><td colspan="2">その他(事業名:)</td><td></td><td></td><td></td><td></td><td></td><td></td><td>—</td><td></td></tr>
</table>

(注1)4月1日現在の在籍児童数には一時保育、定期利用、私的契約児童❺を含めた人数を入れてください。
(注2)検査日現在の欄は記入しないでください。

❶認可定員

一般的にいう定員です。この定員は、保育所を認可する際に決められているので、自由に変更できません。変更の場合は、変更届を提出して受理されることが必要です。

❷在籍児童数

❸一時保育児童数

「一時保育」は、保護者が子どもの面倒を見ることができない時に、1日や時間単位で一時的に子どもを預けられるサービスです。すべての保育所で実施しているわけではありません。

❹定期利用保育児童数

定期利用保育事業は、パートタイム勤務や育児短時間勤務等の保護者の多様な就労形態と保育需要に対応することを目的として、保育所等において児童を複数月にわたって継続的に保育する事業です。すべての保育所で実施しているわけではありません。

❺私的契約児童

私的契約は、認可保育所または地域型保育事業が、区市町村の利用調整の結果、入所児童が決定した後になお受け入れ可能な場合で、保育の必要性のない子どもも含め、保護者との直接契約により受け入れるものです。この場合、区市町村は施設型給付等を支給せず、利用者負担額の算定も行わないため、保育に要する費用は、基本的に保育所と保護者の契約によります。

6-2-4 | 運営管理

fig.6.4 運営管理／出典:東京都福祉保健局「施設調査書(民間保育所)」

1 施設運営全般

(1) 基本方針及び組織

ア 施設運営全般の方針

(ア) 事業計画書を作成していますか。❶ [　　　　]「いる・いない」を記入してください。

→令和4年度の事業計画書を作成・決定した日(社会福祉法人は理事会で議決した日)を記載してください。

[　　　　]

(イ) 事業報告書を作成していますか。❶ [　　　　]「いる・いない」を記入してください。

→令和3年度の事業報告書を作成・決定した日(社会福祉法人は理事会で議決した日)を記載してください。

[　　　　]

(ウ) 利用者の人権の擁護❷

・利用者の人権の擁護、虐待の防止等のため、研修の実施、規程の作成など必要な体制の整備をしていますか。

[　　　　]「いる・いない」を記入してください。

(エ) 個人情報の取扱い❸

・保有する個人情報を適正に取り扱うために、どのような措置を講じていますか。該当項目に○をしてください。

	規程等の整備
	責任体制の明確化
	その他

(オ) 秘密保持への対応❹

・職員が業務上知り得た秘密を漏らすことのないように、どのような措置を講じていますか。該当項目に○をしてください。

	規程等に明記		雇用時の取決め
	その他		

❶事業計画書、事業報告書の作成

前述のとおり、昨年度を振り返ったものが事業報告書なので、年度末に作成すべきものです。振り返りを反映させたものが事業計画書になりますので、こちらは年度初めに作成すべきものです。事業計画書の作成日は4月1日が多いです。

❷利用者の人権の擁護

子どもの人権の擁護、虐待の防止等のため、体制を整備しているかということです。「体制」は「統一的、持続的・恒久的な組織・制度」を指すので、規程やマニュアルがあることが望ましいです。研修を実施したり、職員会議で保育内容を振り返ることなど定期的に実施しているのであれば、体制ができているといえるでしょう。

❸個人情報の取扱い、❹秘密保持への対応

保護者向け、職員向けに個人情報管理上、必要な措置を講じているのかという確認です。個人情報保護規程、マニュアル以外では、保護者に対して入園説明会や入園時に個人情報の利用目的を説明するために園のしおりに記載したり、保護者同意書をとったり、職員の入社時に誓約書を書くことが該当します。

6-2-5 | 苦情対応

fig.6.5 苦情への対応／出典:東京都福祉保健局「施設調査書(民間保育所)」

(カ) 苦情への対応❶

・苦情解決への対応に係る規程を作成していますか。 [　] 「いる・いない」を記入してください。

・苦情解決の体制 (該当者がいる場合は、○をしてください。また、第三者委員を設置している場合は、人数を記入してください。)

苦情受付担当者 [　] 苦情解決責任者 [　] 第三者委員 [　]

第三者委員の人数 [　] 人

・苦情解決の仕組みについて、利用者にどのように周知していますか。該当項目に○をしてください。

	掲示		パンフレットの配布
	ホームページ		その他

・苦情解決の結果をどのように公表していますか。該当項目に○をしてください。

	掲示		ホームページ		その他

(キ) 福祉サービス第三者評価❷

・福祉サービス第三者評価を受けていますか。受けている場合は、直近の受審年度を記入してください。

[　] 「いる・いない」を記入してください。 受審年度 [　] 年度

・結果をどのように公表していますか。該当項目に○をしてください。

	閲覧		ホームページ		その他

(ク) 運営委員会の設置状況 (社会福祉法人及び学校法人立以外の保育所は記入してください。)❸

・運営委員会を設置していますか。 [　] 「いる・いない」を記入してください。

・運営委員会には下記に該当する者は含まれていますか。含まれている場合は○をしてください。

	学識経験者		利用者代表		幹部職員

・運営委員会の開催実績(令和3年度)

(開催年月日)						外

❶苦情への対応

78ページ参照

❷福祉サービス第三者評価

福祉サービス第三者評価は、事業者の提供するサービスの質を当事者以外の公正・中立な第三者機関が、専門的かつ客観的な立場から評価する事業です。保育所を運営する事業者が、第三者機関と契約を締結して実施します。利用者のサービス選択を支援することが第三者評価受審の目的の一つなので、園の利用者だけでなく、ホームページなどで園の利用者以外へも結果の公表が必要です。

❸運営委員会の設置状況

75ページ参照

6-2-6 | 管理規程

fig.6.6　管理規程／出典:東京都福祉保健局「施設調査書(民間保育所)」

イ　管理規程❶

(ア)　管理規程(保育所運営規程等)を作成していますか。　[　　]「いる・いない」を記入してください。

(イ)　規程に定められている内容と現状とに差異がありますか(定員、組織、職員定数等)。

[　　]「有・無」を記入してください。

ある場合:差異の内容

[　　]

(ウ)　職員及び保護者に対してどのように周知していますか。該当項目に○をしてください。

	規程の配布		掲示		保護者会で説明		園のしおりに概要記載		その他

ウ　職員の業務分担❷

・業務分担及び業務責任は明確になっていますか。　[　　]「いる・いない」を記入してください。

エ　業務日誌(園日誌、施設日誌等)を作成していますか。❸　[　　]「いる・いない」を記入してください。

オ　職員会議の開催状況❹

(ア)　各種会議は、職員の意見を運営に反映させる構成になっていますか。

[　　]「いる・いない」を記入してください。

(イ)　欠席者に対して、会議の内容を周知していますか。　[　　]「いる・いない」を記入してください。

(ウ)　会議録を適正に作成していますか。　[　　]「いる・いない」を記入してください。

❶管理規程

73ページ参照

❷職員の業務分担

ここで確認されているのは、職務分掌であり、クラス配置表ではありません。言い換えると、誰が○○クラスの担任なのかを聞かれているのではなく、「園長」「主任」「副主任」「○○リーダー」「事務員」などの役割や責任が明確に示されたものがあるかということです。

❸業務日誌を作成していますか。

児童や職員の出欠状況、行事や会議など、園長が重要だと考えることを業務日誌に記録します。開所日には必ず記載して、園長や主任が確認するものです。

❹職員会議の開催状況

57ページ参照

6-2-7 | 就業規則等の制定

fig.6.7　就業規則等の制定／出典:東京都福祉保健局「施設調査書(民間保育所)」

ア　就業規則等の作成、届出

(ア)　作成等の有無

区　分	作成の有無	直近改正年月日	理事会審議年月日	労基署届出	受理年月日	特記事項(改正内容等)
就業規則						
給与規程						
旅費規程						
育児休業規程						
介護休業規程						
非常勤職員 就業規則						
1年単位変形 労働時間制の協定						
36協定❶						
24協定❷						
口座振込に関する 職員の同意書						

↑「有・無」を記入してください。　　↑「有・無」を記入してください。

(イ)　就業規則(給与規程を含む)の内容と現行の労働条件に差異はありますか。

	「有・無」を記入してください。

(ウ)　高年齢者等の雇用の安定等に関する法律の改正に伴う対応をしていますか。該当項目に○をしてください。

	定年制の引上げ		定年の定めの廃止
	継続雇用制度の導入		その他

イ　就業規則等の職員への周知

各規程は、職員に周知していますか。

	「いる・いない」を記入してください。
いる場合:方法	

❶36協定

36協定「サブロク協定」とは、労使協定の一つになります。労働基準法では「法定労働時間」が定められており、1日8時間・1週間40時間を超えて労働者を働かせることは原則として違法です。しかし労使協定を締結することにより、一定の割増賃金の支払いや労働者に代休を与えることを条件として、例外的に法定労働時間を超える「時間外労働」が認められます。

「法定労働時間を超えて労働することがある」「法定の休日に労働することがある」という場合は36協定を結ぶ必要があります。36協定は対象期間が1年という決まりがあるので、毎年締結し、所轄の労働基準監督署へ届出なければなりません。

❷24協定

所得税、住民税、健康保険料、厚生年金保険料、雇用保険料などの法定控除を除き、使用者は労働者に対して賃金を直接全額支払わなければならないのが原則です。

ただし、労使協定において定めることにより、法定控除以外の費用などを控除することが認められています。例えば、昼食代、社宅・寮など福利厚生施設の利用料、組合費や親睦会費などを給与天引きする場合は、この24協定が必要です。なお、この労使協定は労働基準監督署への提出は不要です。

6-2-8 | 職員の配置

fig.6.8 職員の配置／出典:東京都福祉保健局「施設調査書(民間保育所)」

			令和4年4月1日現在	検査日現在(注7)												
			在籍者数(注1)	合計			本園		分園①		分園②		分園③		分園④	
				必要数	在籍	過不足	必要数	在籍	必要数	在籍	必要数	在籍	必要数	在籍	必要数	在籍
施設長			人													
保育従事職員	保育士	常勤(注2)	人													
		非常勤(注3)	人													
	その他有資格者(注4)	常勤(注2)	人													
		非常勤(注3)	人													
	無資格者(注5)	常勤(注2)	人													
		非常勤(注3)	人													
看護師・保健師			人													
嘱託医(歯科を含む)			人													
調理員(注6)			人													
事務職員・用務員			人													
その他職員			人													
合　計			0 人													

(注1)4月1日時点で在籍する職員の実人員(分園がある場合は本園と分園の合計人員)を記載してください。なお、休業中(産前・産後休暇、病気休暇を含む。)の職員は除いてください。
(注2)「常勤」欄には、各保育所の就業規則等で定めた常勤のうち、①期間の定めのない労働契約(1年以上の労働契約を含む。)を締結している、②労働条件通知等の就業場所が当該保育所である、③1日6時間以上かつ月20日以上当該保育所で常態的に勤務し、当該保育所における社会保険の被保険者である、のすべてを満たす者を記載してください。
(注3)「非常勤」欄には、(注2)の「常勤」に該当しない職員の実人員を記載してください。
(注4)「その他有資格者」欄には、幼稚園教諭、小学校教諭、養護教諭の普通免許状を有する者で保育士資格を有しない職員の実人員等を記載してください。
(注5)「知事が認める者」は無資格者欄に記載してください。
(注6)調理のすべてを外部委託している場合は、「委託」と記入してください。
(注7)検査日現在の欄は、記入しないでください。

このページは、実地検査当日に職員の必要数が満たされているのかを確認するためのものです。提出する際に記入が必要なのは、4月1日現在の職員在籍数のみです。注意事項をよく読んで、間違いのないように記載しましょう。

栄養士や調理師は、調理員に含めて記載します。みなし看護師は、保育従事職員になりますので、看護師・保健師欄ではなく、その他有資格者欄に記載しましょう。

保育従事職員以外は、常勤非常勤の分類は不要です。合算したものを記載します。

6-2-9 | 保育士の必要数

fig.6.9 保育士必要数算出表／出典:東京都福祉保健局「施設調査書(民間保育所)」

		年齢別配置基準❶						【参考】 委託費(基本分単価)による加配置❷		
		0歳児	1･2歳児	3歳児	4歳以上児	合計	必要保育士数	定員90人以下施設	保育標準時間認定児が利用する施設	全施設
4月1日現在 (注1)	定員	3 (0.0)	6 (0.0)	20 (0.0)	30 (0.0)	0 *A	0	0	1	非常勤職員 1
	在籍児	3 (0.0)	6 (0.0)	20 (0.0)	30 (0.0)	0 *B	(A又はBのいずれか多い方)			
検査日現在 (注3)	定員	3 ( )	6 ( )	20 ( )	30 ( )					
	在籍児	3 ( )	6 ( )	20 ( )	30 ( )					

(注1)各年齢区分別の定員及び在籍児童数を記入し、それぞれ、下段の年齢区分別必要配置数で除した数(小数点2位以下切捨)を(　　　)内に記入してください。「合計」欄には、(　　　)内に記入した必要数を合計した数(小数点以下四捨五入)を記入してください。
(注2)定員90人以下の場合は、「定員90人以下施設」欄に「1」を記入してください。
(注3)検査日現在の欄は、記入しないでください。

❶年齢別配置基準

前述した認可基準になります。

❷【参考】委託費による加配置

前述した公定価格基準になります。【参考】と書かれているのは、児童福祉法上の指導検査では、職員配置を認可基準で確認するため、公定価格基準は見ないためです。

4月1日現在の欄に入力しますが、「0」が入っている欄は計算式が入っていますので、上書きすることのないようにしましょう。

6-2-10 | 職員の採用・退職

fig.6.10　採用、退職／出典:東京都福祉保健局「施設調査書(民間保育所)」

(ア)　採用時に職務内容、給与等の労働条件を明示していますか。❶

［　　　　］「いる・いない」を記入してください。

(イ)　退職者(令和3年4月1日〜令和4年3月31日)

有期雇用契約の期間満了に伴う者以外の退職者について記載してください。

常勤・非常勤の区別	職種	年齢	退職年月日	在籍年数				退職理由(注)
					年		月	
					年		月	
					年		月	
					年		月	
					年		月	
					年		月	
					年		月	
					年		月	
					年		月	
					年		月	
					年		月	

(注1)退職理由は、「1　定年、2　結婚、3　出産・育児、4　病気、5　介護、6　転居、7　転職、8　その他」から該当する番号を記入してください。

(注2)在籍年数は、当該法人における勤務年数(同一法人が運営する他の施設等での勤務を含む。)を記載してください。

退職者の平均在籍年数	

年　　(注)小数点以下第2位を四捨五入してください。

(ウ)　常勤職員の平均在籍年数(令和4年4月1日現在)❷

［　　］年　　(注)小数点以下第2位を四捨五入してください。

❶労働条件

雇用契約書についての確認です。雇用契約書に労働条件の明示が必要ですので、実地検査で確認となります。

❷常勤職員の平均在籍年数

当年度の処遇改善等加算率の申請をしているタイミングであれば、そこから必要な情報を抜き出して作成しましょう。ただし、処遇改善等加算率は、在籍法人に関係なく年数を算出していますが、ここでは当該法人における勤務年数のみです。考え方が異なりますので注意してください。

6-2-11 | 勤務状況

fig.6.11 勤務状況（常勤職員）／出典：東京都福祉保健局「施設調査書（民間保育所）」

ア　変形労働時間制を採用していますか。❶

	「いる・いない」を記入してください。

いる場合、該当するものに〇をしてください。

	4週間		1か月
	1年		その他

イ　育児休業、介護休業

令和3年度取得実績		
育児休業		人
介護休業		人

ウ　勤務に関する帳簿を整備していますか。該当する項目に〇をしてください。

	出勤・退勤に関するもの（タイムカード）		出張（外出）に関するもの
	所定時間外勤務に関するもの		休暇取得に関するもの

❶変形労働時間制

変形労働時間制とは、繁忙期や閑散期など、業務量の波に合わせて労働時間を柔軟に調整できる制度のことです。「1日8時間」などと1日単位で労働時間を決めるのではなく、1日の労働時間を自由に設定し、月単位・年単位・週単位で労働時間を設定できます。これにより、3月4月は忙しい時期なので労働時間を長くして、その分、ゴールデンウイークのある5月や夏休みの時期に労働時間を短くする、ということが可能です。

就業規則で定められている労働時間は、年間を通じて同じ時間数なのか、それとも月単位や週単位で違いがあるのか、ということで確認できます。

6-2-12 | 職員給与等の状況

fig.6.12 職員給与等の状況／出典:東京都福祉保健局「施設調査書(民間保育所)」

ア 本俸の支給基準

(ア) 初任給格付基準は明確になっていますか。

［　　　］「いる・いない」を記入してください。

保育士の初任給 ［　　　］ 円

(イ) 初任給は規程どおりに格付されていますか。 ［　　　］「いる・いない」を記入してください。

(ウ) 昇給、昇格は規程どおりに行われていますか。 ［　　　］「いる・いない」を記入してください。

イ 諸手当の支給基準

(ア) 給与規程に定めていない手当の支給はありますか。

［　　　］「有・無」を記入してください。　ある場合:その名称等 ［　　　］

(イ) 支給基準が明確になっていない手当(特別手当等)はありますか。

［　　　］「有・無」を記入してください。

(ウ) 社会保険への加入

社会保険等

	健康保険		厚生年金保険		雇用保険	
常勤		人		人		人
非常勤		人		人		人

給与は、規程に基づき、適正に支払われることが必要です。初任給はもちろん、昇給基準、諸手当も客観的に見て説明できるように、説明のできない手当などが支給されていることがないように、規程等に定め明確にしておく必要があります。

6-2-13 | 健康管理

fig.6.13　健康管理／出典:東京都福祉保健局「施設調査書(民間保育所)」

ア　健康診断(職員)❶

・令和3年度の健康診断の実施項目に○をしてください。

	検査実施項目(1)			検査実施項目(2)　(注)				
	X線	血圧	尿	貧血	肝機能	血中脂質	心電図	血糖
雇入時健康診断								
定期健康診断								

(注)項目(2)は、40歳未満(35歳を除く)の者については医師の判断に基づき省略可。但し、雇入時健康診断では省略できません。

・調理及び調乳に携わる職員は、健康診断を受けていますか。いる場合は○をしてください。

・健康診断の結果を記録・保存していますか。いる場合は○をしてください。

	雇入時健康診断		定期健康診断

イ　職員50人未満の施設の場合❷

・衛生推進者の選任又は衛生管理者及び産業医の選任及び届出をしていますか。いる場合は○をしてください。

ウ　職員50人以上の施設の場合❷

・以下の取組を行っていますか。該当する項目に○をしてください。

	衛生管理者及び産業医の選任及び届出		衛生委員会(月1回以上)の開催
	ストレスチェックの実施		定期健康診断結果報告書の提出

❶健康診断(職員)

62ページ参照

❷衛生推進者と衛生管理者

職員の安全や健康確保などに係わる業務を担当させるために、保育所では衛生推進者、あるいは衛生管理者を選任して、職員に周知することが必要です。どちらを選任するかは、職員の人数(正社員だけでなく、派遣労働者、パート、アルバイトも含む)によります。

・常時10人以上50人未満の職員がいる保育所:衛生推進者
・常時50人以上200人未満の職員がいる保育所:衛生管理者＋産業医

ほとんどの施設は衛生管理者の選任が必要です。

職務内容はどちらも基本は以下の内容です。

・労働者の危険又は健康障害を防止するための措置に関すること。
・労働者の安全又は衛生のための教育の実施に関すること。
・健康診断の実施その他の健康の保持増進のための措置に関すること。
・労働災害の原因の調査及び再発防止対策に関すること。など

ただし、衛生管理者は上記に加え、「産業医の選任」「労働基準監督署への届出」「衛生委員会の運営」が必要です。「衛生委員会」のメンバー、審議すべき内容などは、管轄の労働基準監督署に確認してください。

6-2-14 | 研修

fig.6.14　研修／出典:東京都福祉保健局「施設調査書(民間保育所)」

(5)　研　修❶

ア　研修計画はありますか。ある場合は○をしてください。

イ　研修不参加の職員に対し、どのように研修内容を周知していますか。該当する項目に○をしてください。

	レポートの回覧		職員会議報告		その他

※研修参加状況について実績表等を添付すること。

(6)　施設長の職務❷

ア　兼務の状況　　どちらかに○をしてください。

	専任
	兼任・兼業(法人内で当該施設長以外の役職を兼任している場合、当該法人以外で他の業務を行っている等)

兼任・兼業の内容

イ　ハラスメントの防止について、対策を講じていますか。いる場合は○をしてください。

ウ　施設長として保育所の運営に対する考え方を記入してください。❸

❶研修

施設長は、保育所の全体的な計画や、各職員の研修の必要性を踏まえて、園内研修や社内研修、外部研修など体系的・計画的な研修機会を確保するとともに、職員のシフト調整等により、職員が計画的に研修等に参加し、その専門性の向上が図られるよう努めなければなりません。

❷施設長の職務

51ページ参照

施設長は専任となっていることが必要です。また、セクシュアル・ハラスメント、パワーハラスメントに関する方針を明確化し、周知・啓発するという役割があります。

❸施設長としての考え方

自由記入です。園長という職責を果たすために意識されていることなどがあれば、ご記入ください。

6-2-15 | 建物設備の管理

fig.6.15　土地と建物の状況／出典:東京都福祉保健局「施設調査書(民間保育所)」

ア　本園(令和4年4月1日)

	認可面積(㎡)A(注)		現使用面積(㎡)B①					必要面積(㎡)C			過△不足D(B−C)	備考
	室数	面積	室数	1階面積	2階面積	3階以上面積	計	基準面積	児童数(注)	必要面積		
乳児室及びほふく室 計								2歳未満児1人につき3.3㎡	人	㎡	㎡	
保育室及び遊戯室 計								2歳以上児1人につき1.98㎡	人	㎡	㎡	
調理室												
医務室												
便所												
調乳室												
沐浴室												
事務室												
保育士室												
その他								必要面積(㎡)C			過△不足D(B−C)	備考
総面積								基準面積	児童数(注)	必要面積		
屋外遊戯場	／		／	／	／	／		2歳以上児1人につき3.3㎡	人	㎡	㎡	

(注)認可面積は内容変更を届け出ている場合は変更後の面積、児童数は4月1日現在の定員と在籍児童数のどちらか多い方を記入してください。

建物の構造	❶	建築年月日	

部屋別の面積を確認できる書類はなかなかないと思いますので、認可申請時の書類を確認しながら入力しましょう。

❶建物の構造

木造(W造)

軽量鉄骨造(S造)

重量鉄骨造(S造)

鉄筋コンクリート造(RC造)

鉄骨鉄筋コンクリート造(SRC造)

アルミ造(AL造)

コンクリート充填鋼管構造(CFT造)

コンクリートブロック造(CB造)

上記の8種類が代表的なものです。この中から選択するようにしましょう。

fig.6.16　建物と建築設備の状況／出典:東京都福祉保健局「施設調査書（民間保育所）」

ア　建物の使用内容に変更がありますか。❶

		「有・無」を記入してください。
届出年月日		

イ　特定建築物等定期調査の報告を3年に1回行っていますか。（公設民営を除く）❷

		「いる・いない」を記入してください。
届出年月日		

ウ　建築設備定期検査の報告を毎年行っていますか。（公設民営を除く）❷

		「いる・いない」を記入してください。
届出年月日		

エ　防火設備定期検査の報告を毎年行っていますか。（公設民営を除く）❷

		「いる・いない」を記入してください。
届出年月日		

オ　昇降機定期検査の報告を毎年行っていますか。（公設民営を除く）❷

		「いる・いない」を記入してください。
届出年月日		

❶建物の使用内容

避難路変更、部屋割り変更（2歳児室→3歳児室に変更したなど）、棚の設置等による面積変更、屋外遊技場の変更など、認可された内容に変更が生じていないかを書きます。上記内容については、変更する場合に自治体への届出が必要になりますので、変更している場合は届出日を書きます。

❷各種定期検査

22ページ参照

fig.6.17　構造設備の安全と衛生／出典:東京都福祉保健局「施設調査書(民間保育所)」

オ　構造設備の安全及び衛生点検表(点検している→○、していない→×、非該当→／を記入してください。)

	点　　検　　箇　　所	「○、×、／」を選択
1	階段、ベランダ、屋上、窓等は転落防止がなされているか。	
2	床破損、段差等による歩行に障害はないか。	
3	非常口の開閉、非常口への通行に障害はないか。	
4	非常階段、非常用滑り台の利用に障害はないか。	
5	ガラスの破損による事故防止に配慮がなされているか。	
6	ベッドからの転落防止がなされているか。	
7	家具、備品などの転倒防止がなされているか。	
8	棚などから物が落ちるおそれはないか。	
9	暖房器具の安全対策がなされているか(転倒防止、接触防止、換気等)。	
10	手洗い場は清潔か、角等は危険な状態になっていないか。	
11	カーテン、じゅうたん等は防炎性能を有しているか。	
12	エレベーター、小型昇降機(リフト)に児童の立入防止対策等の安全対策がなされているか。	
13	便所の設備に不備はないか。清掃がよくなされているか。	
14	マンホールの蓋は容易に開けられる状態になっていないか。	
15	屋外遊具に破損箇所や危険箇所はないか。	
16	砂場やプール及びその周辺に危険はないか。	
17	併設建物上部からの落下物への対策がなされているか。	
18	門扉、塀などに破損箇所はないか。	
19	ブラインドの紐、電気コード、タオル掛け等のフックは危険な状態にないか。	
20	保育室内及び遊具、寝具等は清潔に保たれているか。	
21	医薬品等が適正に管理されているか。	
22	危険物(刃物、消毒液、画鋲等)が放置されていないか。	
23	画鋲、マグネット、クリップ等、児童の誤飲や怪我の危険性がないか。	
24	その他(内容を記入)	

fig.6.18　環境衛生の状況／出典:東京都福祉保健局「施設調査書(民間保育所)」

(3)　環境衛生の状況(定期検査等の実施状況)

ア　室内空気汚染(シックハウス)対策について取組みを行っていますか。❶

	「いる・いない」を記入してください。

イ　井戸水(自家水)を使用していますか。❷

	「いる・いない」を記入してください。
いる場合：検査年月日	

ウ　簡易専用水道(10㎥以上の受水槽、高置水槽)を設置していますか。❸

	「いる・いない」を記入してください。
いる場合: 検査年月日	

❶室内空気汚染(シックハウス)対策

近年、住宅の高気密化などが進むに従って、建材等から発生する化学物質などによる室内空気汚染等と、それによる健康影響が指摘されています。それらは「シックハウス症候群」と呼ばれ、その症状は、目がチカチカする、鼻水、のどの乾燥、吐き気、頭痛、湿疹など人によってさまざまです。このため、保育所を新設する際、使用する建材や建具については、シックハウスとなるおそれがある原因物質（ホルムアルデヒド等）を極力発散しないものを選びます。

開所後は掃除や換気による対策が中心です。現在は、機械換気設備によって24時間換気を実施している保育所も多いと思います。

❷❸井戸水（自家水）と簡易専用水道

自治体の水道から供給される水だけを水源として、その水を受水槽にため、ポンプで高置水槽に揚水（直接ポンプで給水するものもある）して各階に給水する水道を簡易専用水道といいます。マンション等の屋上にあるのが高置水槽です。

ここでは詳細を割愛しますが、井戸水を利用している場合も、簡易専用水道を利用している場合も、水道法に基づき、定期的な検査が必要です。「井戸水」「簡易専用水道」以外にも、タンクを経由しない「専用水道」「小規模水道」などがあります。

6-2-16 | 災害対策

fig.6.19　災害対策の状況／出典:東京都福祉保健局「施設調査書(民間保育所)」

(1)　管理体制❶

ア　防火管理者

届出年月日	
職　　名	

(2)　消防計画❷

ア　消防計画を作成していますか。　[　　]「いる・いない」を記入してください。

イ　消防計画に事業所防災計画が定められていますか。　[　　]「いる・いない」を記入してください。

ウ　消防署への届出年月日　[　　]

エ　消防計画の内容に変更すべき事項がありますか。　[　　]「有・無」を記入してください。

ある場合は具体的に記入してください。

[　　]

❶管理体制

認可保育所では、防火管理者を選任し、防火・防災に関する管理業務を行う義務があります。管理者を選任・解任した際には消防署等に届出が必要です。現在の防火管理者を消防署等に届出した日付を書きます。職名は、園長や主任などです。

❷消防計画

防火管理者は、消防計画を作成し、管轄の消防署へ提出しなければなりません。これは、防火管理者の義務です。消防署に届出をした際には、届出印をもらうことになると思いますので、その日付を記入します(事業所防災計画は、34ページを参照)。

洪水浸水想定区域内、または土砂災害警戒区域内の保育所は、避難確保計画を作成して、区市町村長に報告することが必要です。避難確保計画で定めた避難訓練については、実施結果を区市町村長に報告することも必要です。

6-2-17 | 消防設備

fig.6.20 消防設備の管理状況／出典:東京都福祉保健局「施設調査書(民間保育所)」

ア 定期点検及び消防用設備等の報告をしていますか。

定期点検(年月日)①	
②	
消防署への直近の届出	

イ 自主点検をしていますか。 [ ] 「いる・いない」を記入してください。

33ページ参照。

定期点検は年2回の「機器点検」と年1回の「総合点検」があります。①②にそれぞれの点検実施日を記入します。消防署への報告は、1年に1回必要です。

fig.6.21 点検と改善／出典:東京都福祉保健局「施設調査書(民間保育所)」

ウ 定期点検及び自主点検の結果、改善すべき事項はありましたか。❶

[ ] 「ある・ない」を記入してください。

→「ある」と回答した場合、その改善状況を記入してください。

消火設備	
警報設備	
避難設備	
その他	

エ 直近の消防署の立入検査はいつでしたか。❷ [ ]

オ 改善すべき事項はありましたか。 [ ] 「ある・ない」を記入してください。

→改善すべき事項の具体的な内容

[ ]

→改善状況(未改善の場合は理由及び改善計画)

[ ]

カ 消防機関へ通報する火災報知設備を設置していますか(消防署直結)。

[ ] 「いる・いない」を記入してください。

❶定期点検及び自主点検

この点検は、消防法に基づいたものになります(33ページ参照)。定期点検は業者からの点検結果総括表、自主点検は園で作成した点検チェック表を手元に用意して回答しましょう。定期点検を実施した結果、改善が必要になった場合は業者による改修計画書が作成されていると思いますので、改善状況を記入します。

❷消防署の立入検査

「立入検査」とは、管内の防火対象物や危険物施設等に対して、建物や設備が消防法令に基づく基準に適合しているか否かを消防職員が定期的に検査するものです。

消火器や誘導灯等の消防設備や避難口の管理などについて検査され

ます。立入検査終了後、数日程度で立入検査結果通知書が郵送されてきます。この通知書には消防署員が立入検査で発見した消防用設備などに関する不備について記されていることがあり、その場合は期日までに不備事項を改善する必要があります。

6-2-18 | 安全対策

fig.6.22　安全対策／出典:東京都福祉保健局「施設調査書(民間保育所)」

ア　安全対策について、必要な措置を講じていますか。

「いる・いない」を記入してください。

イ　どのような措置を講じているか具体的に記入してください。❶

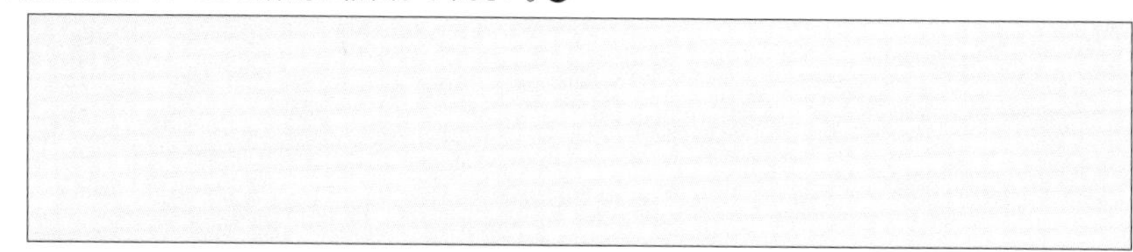

ウ　児童の病気やけがなどの重大事故に対する、必要な措置を講じていますか。

「いる・いない」を記入してください。

エ　どのような措置を講じていますか。該当項目に〇をしてください。❷

	救命救急訓練の実施(AEDの使用方法等)
	通報訓練(救急車要請のシミュレーション等)
	その他

この安全対策は、保育内容に関したものではなく、施設などのハード面に関する対策や、運用、ルールなどの仕組みが整っているのかを記入します。

❶どのような措置を講じているか

不審者訓練を実施している場合は、ここに書きます。不審者侵入防止のために、入口にセキュリティキーをつけたり、「カメラ設置済」と外から見たときにわかりやすいシールを貼ったり、のぞき見防止のためのガラスフィルムなどもあります。

不審者侵入時の合言葉を決めて職員間の連携を図っている場合や、不審者がいた場合に地域やエリアで安全メールなどによる情報共有の仕組みなども該当します。

なお、過去の指摘事例では、道路に面していて容易に侵入できる窓に施錠等の対応をしていないこと、などがあります。

❷どのような措置を講じているか

救命救急や通報訓練以外では、アレルギー対策(エピペン講習)や、重大事故検証報告書の勉強会、ヒヤリハットの担当を設けて分析するなどがあげられます。

資料編

子ども・子育て支援法に基づく
特定教育・保育施設等の指導監査について

保育所等における保育士配置に係る
特例について

保育所等における利用乳幼児がいない時間帯の
保育士配置の考え方について

土砂災害警戒区域等における
土砂災害防止対策の推進に関する法律
(平成12年5月8日法律第57号)

○子ども・子育て支援法に基づく特定教育・保育施設等の指導監査について

〔平成27年12月7日　府子本第390号・27文科初第1135号・雇児発1207第2号
各都道府県知事・各指定都市市長・各中核市市長宛　内閣府子ども・子育て本部統括官・文部科学省初等中等教育・厚生労働省雇用均等・児童家庭局長連名通知〕

注　平成30年3月7日府子本第97号・29文科初第1614号・子発0307第1号改正現在

子ども・子育て支援法（平成24年法律第65号）に基づく確認並びに同法に基づく施設型給付費、特例施設型給付費、地域型保育給付費及び特例地域型保育給付費の支給等に関する業務等が適正かつ円滑に行われるよう、法令等に基づく適正な事業実施を確保するために、市町村（特別区を含む。）が子ども・子育て支援法に基づき特定教育・保育施設又は特定地域型保育事業者に対して行う指導監査の基本的な考え方として、別添1「特定教育・保育施設等指導指針」及び別添2「特定教育・保育施設等監査指針」を作成しましたので、これを参考に指導監査に当たられるよう管内市町村あて周知方お願いいたします。

また、幼稚園については学校教育法（昭和22年法律第26号）、保育所については児童福祉法（昭和22年法律第164号）、認定こども園については就学前の子どもに関する教育、保育等の総合的な提供の推進に関する法律（平成18年法律第77号）に基づき都道府県等が認可等を行っていることから、都道府県等におかれても市町村と連携の上、その円滑かつ効果的な実施に努めていただきますようお願いいたします。

なお、この通知は、地方自治法（昭和22年法律第67号）第245条の4第1項の規定に基づく技術的な助言であることを申し添えます。

（別添1）

特定教育・保育施設等指導指針

1 目的

この指導指針は、市町村（特別区を含む。以下同じ。）が子ども・子育て支援法（平成24年法律第65号。以下「法」という。）に基づく子どものための教育・保育給付（法第11条に規定するものをいう。以下同じ。）に係る教育・保育（法第7条第2項に規定する教育又は同条第3項に規定する保育をいう。以下同じ。）を行う者若しくはこれを使用する者又はこれらの者であった者に対して行う指導等（法第14条第1項の規定により行う質問、立入り及び検査等（以下「質問等」という。）及び各種指導等をいう。）について、基本的事項を定めることにより、特定教育・保育、特別利用保育、特別利用教育、特定地域型保育、特別利用地域型保育、特定利用地域型保育及び特例保育（以下「特定教育・保育等」という。）の質の確保並びに施設型給付費、特例施設型給付費、地域型保育給付費及び特例地域型保育給付費等（以下「施設型給付費等」という。）の支給の適正化を図ることを目的とする。

2 指導方針等

(1) 指導方針

指導等は、特定教育・保育施設等（法第27条第1項に規定する特定教育・保育施設及び法第29条第1項に規定する特定地域型保育事業者をいう。以下同じ。）に対し、法第33条及び第45条に定める設置者の責務、法第34条第2項及び第46条第2項に基づき各市町村が「特定教育・保育施設及び特定地域型保育事業の運営に関する基準」（平成26年内閣府令第39号）を基に条例で定める運営に関する基準（以下「確認基準」という。）、「特定教育・保育、特別利用保育、特別利用教育、特定地域型保育、特別利用地域型保育、特定利用地域型保育及び特例保育に要する費用の額の算定に関する基準等」（平成27年内閣府告示第49号）、「特定教育・保育等に要する費用の額の算定に関する基準等の制定に伴う実施上の留意事項について」（府政共生第350号・26文科初第1464号・雇児発0331第9号平成27年3月31日付け内閣府政策統括官（共生社会政策担当）・文部科学省初等中等教育局長・厚生労働省雇用均等・児童家庭局長連名通知)等(以下「内閣府令等」という。)に定める特定教育・保育、特別利用保育、特別利用教育、特定地域型保育、特別利用地域型保育、特定利用地域型保育及び特例保育(以下「特定教育・保育等」という。)の提供及び施設の運営に関する基準並びに施設型給付費等の請求等に関する事項について周知徹底させるとともに過誤・不正の防止を図るために実施する。

(2) 留意点

① 特定教育・保育施設については、幼稚園については学校教育法(昭和22年法律第26号)、保育所については児童福祉法(昭和22年法律第164号)、認定こども園については就学前の子どもに関する教育、保育等の総合的な提供の推進に関する法律(平成18年法律第77号)に基づき都道府県等により認可等がされており、認可基準等や幼稚園教育要領、保育所保育指針又は幼保連携型認定こども園教育・保育要領に従った特定教育・保育の実施については、基本的には、都道府県等の認可等に関する事務により担保されていることから、市町村が3(2)の実地指導を行うに当たっては、実地指導の計画段階から認可等を行う都道府県等と調整を行い、当該都道府県等が実施する認可基準等の遵守状況の確認等に関する事務と同時に実施するほか、監査の際に求める資料やその様式等について県内において統一化するなど連携を図ること。

なお、この場合において、市町村が実施する監査の項目で都道府県と重複している部分に関しては、都道府県と調整の上、一方の監査項目から省略するなど効率化や事務負担の軽減を図ること。ただし、監査に漏れや不十分な部分が生じることのないよう、十分注意すること。

また、法第39条第2項及び第40条第1項第2号の規定の趣旨を踏まえ、認可基準等に関する事項に係る指導等については、都道府県等と事前に協議を行うなど、綿密に連携を図ること。

② 都道府県は、広域自治体として市町村に対する助言や広域調整を行う立場にあることに加え、法第15条第2項の規定に基づき自ら指導を行うことができること、法に基づき施設型給付費等を負担及び補助していることを踏まえ、①に限らず、適切に市町村に対する助言を行うこと。

③ 私立幼稚園に対する指導(特に教育内容に関するもの)を行うに当たっては、それぞれが建学の精神に基づく特色ある教育活動を展開していることを尊重するとともに、都道府県の私立幼稚園担当部局、教育委員会とも十分に連携して対応すること。

④ 幼稚園又は認定こども園の設置者が、当該幼稚園又は認定こども園の運営に係る会計について公認会計士又は監査法人の監査(以下「外部監査」という。)を受けている場合には、当該外部監査で軽微とは認められない指摘を受けた場合を除き、当該外部監査の対象となっている会計については、市町村の指導の対象としないことができる。

3 指導形態等

指導等は、次の形態を基本としつつ、各市町村の実情に応じて実施する。

(1) 集団指導

集団指導は、市町村が、特定教育・保育施設等に対して、内閣府令等の遵守に関して周知徹底等を図る必要があると認める場合に、その内容に応じ、特定教育・保育施設等の設置者等を一定の場所に集めて講習等の方法により行う。

なお、広域利用が行われている特定教育・保育施設等については、確認の権限を有する施設所在地市町村が代表して実施することを基本としつつ、必要に応じて、当該施設に対して施設型給付費等を支給する他の市町村と共同して実施するなど、効率的かつ効果的な実施に配慮すること。

(2) 実地指導

市町村は、特定教育・保育施設等に対して、質問等を行うとともに、必要と認める場合、内閣府令等の遵守に関して、各種指導等を行う。

なお、広域利用が行われている特定教育・保育施設等については、確認の権限を有する施設所在地市町村が代表して実施することを基本としつつ、必要に応じて、当該施設に対して施設型給付費等を支給する他の市町村と共同して実施するなど、効率的かつ効果的な実施に配慮すること。

4 指導対象の選定

指導等は全ての特定教育・保育施設等を対象とし、重点的かつ効率的に実施する観点から、指導形態に応じて、次の基準に基づいて対象の選定を行う。

(1) 集団指導

① 新たに確認を受けた特定教育・保育施設等については、概ね1年以内に全てを対象として実施する。

② ①の集団指導を受けた特定教育・保育施設等については、その後の制度の改正、施設型給付費等の請求の実態、過去の指導事例等に基づき必要と考えられる内容が生じたときに、当該指導すべき内容に応じて、対象となる特定教育・保育施設等を選定して実施する。

(2) 実地指導

① 全ての特定教育・保育施設等を対象に定期的かつ計画的に実施する。実施頻度については、地域の特定教育・保育施設等の内閣府令等の遵守状況、集団指導の状況、都道府県等が行う認可等に関する事務の状況、市町村の実施体制等を勘案して、各市町村が周辺市町村及び都道府県と相談しつつ検討する。

② その他特に市町村が実地による指導を要すると認める特定教育・保育施設等を対象に随時実施する。

5 方法等

(1) 集団指導

① 指導通知

市町村は、指導対象となる特定教育・保育施設等を決定したときは、あらかじめ集団指導の日時、場所、予定される指導内容等を文書により当該特定教育・保育施設等の設置者等に通知する。

② 指導方法

集団指導は、特定教育・保育等の提供及び施設の運営に関する基準、施設型給付費等の請求の方法、制度改正の内容及び過去の指導事例等について講習等の方式で行う。

なお、やむを得ない事情により集団指導に欠席した特定教育・保育施設等には、当日使用した必要書類を送付する等、必要な情報提供に努めるとともに、直近の機会に改めて集団指導の対象に選定する。

(2) 実地指導

① 指導通知

市町村は、指導対象となる特定教育・保育施設等を決定したときは、あらかじめ次に掲げる事項を文書により当該特定教育・保育施設等に通知する。なお、日時については、施設側の教育・保育の計画的な実施に支障が生じないよう調整を行う。

ア 実地指導の根拠規定及び目的
イ 実地指導の日時及び場所
ウ 実地指導を行う市町村の担当者
エ 実地指導に同席する都道府県の担当者の有無
オ 準備すべき書類等

② 指導方法

実地指導は、内閣府令等の遵守状況を確認するために必要となる関係書類の閲覧、関係者との面談等により行う。

③ 指導結果の通知等

実地指導の結果、改善を要すると認められた事項については、軽微なもの等を除き、後日、文書によって指導内容の通知を行うものとする。なお、必要に応じ、認可に関する事務等を行う都道府県と調整する。

④ 改善報告書の提出

市町村は、当該特定教育・保育施設等に対し、原則として、文書で指摘した事項に係る改善報告書の提出を求めるものとする。

6 監査への変更

実地指導中に以下に該当する状況を確認した場合は、直ちに「特定教育・保育施設等監査指針」に定めるところにより監査を行うこととする。

① 著しい運営基準違反が確認され、当該特定教育・保育施設等を利用する小学校就学前子ども（以下「利用児童」という。）の生命又は身体の安全に危害を及ぼすおそれがあると判断した場合

② 施設型給付費等の請求に不正又は著しい不当が認められる場合

7 都道府県への情報提供

市町村は、都道府県に対して、集団指導の概要、実地指導の指導結果の通知及び改善報告書の概要について情報提供を行う。

（別添2）

特定教育・保育施設等監査指針

1 目的

この監査指針は、市町村長（特別区の区長を含む。以下同じ。）が、子ども・子育て支援法（平成24年法律第65号。以下「法」という。）第38条から第40条まで及び第50条から第52条までの規定に基づき、特定教育・保育施設又は特定教育・保育施設の設置者若しくは特定教育・保育施設の設置者であった者若しくは特定教育・保育施設の職員であった者及び特定地域型保育事業者又は特定地域型保育事業者であった者若しくは特定地域型保育事業所の職員であった者（以下「特定教育・保育施設等の設置者等」という。）に対して行う施設型給付費、特例施設型給付費、地域型保育給付費及び特例地域型保育給付費等（以下「施設型給付費等」という。）に係る特定教育・保育、特別利用保育、特別利用教育、特定地域型保育、特別利用地域型保育、特定利用地域型保育及び特例保育（以下「特定教育・保育等」という。）の内容又は施設型給付費等の請求に関する監査について、基本的事項を定めることにより、特定教育・保育等の質の確保及び施設型給付費等の適正化を図ることを目的とする。

2 監査方針等

(1) 監査方針

監査は、特定教育・保育施設等（法第27条第1項に規定する特定教育・保育施設及び法第29条第1項に規定する特定地域型保育事業者をいう。以下同じ。）について、法第39条、第40条、第51条及び第52条までに定める行政上の措置に相当する違反の疑いがあると認められる場合又は施設型給付費等の請求について不正若しくは著しい不当（以下「違反疑義等」という。）が疑われる場合並びに「特定教育・保育施設等指導指針」中「6　監査への変更」に基づき、監査に移行した場合において、事実関係を的確に把握し、公正かつ適切な措置を採ることを目的として実施する。

(2) 留意点

① 特定教育・保育施設については、幼稚園は学校教育法（昭和22年法律第26号）、保育所は児童福祉法（昭和22年法律第164号）、認定こども園は就学前の子どもに関する教育、保育等の総合的な提供の推進に関する法律（平成18年法律第77号）に基づき都道府県等により認可等がされており、認可基準等又は幼稚園教育要領、保育所保育指針若しくは幼保連携型認定こども園教育・保育要領に従った教育・保育の実施については、基本的には、都道府県等の認可等に関する事務により担保されるべきものであることから、市町村（特別区を含む。以下同じ。）が監査を行うに当たっては、可能な限り、事前に認可等を行う都道府県等と調整を行い、合同で立入り等を行うほか、監査の際に求める資料やその様式等について県内において統一化するなど連携を図ること。

また、法第39条第2項、第40条第1項第2号の規定の趣旨を踏まえ、認可基準等に関する事項に係る監査結果の通知及び行政上の措置については、都道府県等と事前に協議を行うなど、綿密に連携を図ること。

② 私立幼稚園に対する監査を行うに当たっては、それぞれが建学の精神に基づく特色ある教育活動を展開していることを尊重するとともに、都道府県の私立幼稚園担当部局、教育委員会とも十分に連携して対応すること。

3 監査対象となる特定教育・保育施設等の選定基準

監査は、下記に示す情報を踏まえて、違反疑義等の確認について特に必要があると認める場合に行うものとする。

なお、特に③又は④の情報に基づく場合には、事案の緊急性・重大性を踏まえ、必要に応じて、事前通告なく監査を行うことが適切であることに留意すること。

① 要確認情報

ア 通報・苦情・相談等に基づく情報（具体的な違反疑義等が把握でき、又は違反が疑われる蓋然性がある場合に限る。）

イ 施設型給付費等の請求データ等の分析から特異傾向を示す事業者に係る情報

② 実地指導において確認した情報

法第14条第1項の規定に基づき実地指導を行った市町村が特定教育・保育施設等について確認した違反疑義等に関する情報

③ 重大事故に関する情報

死亡事故等の重大事故の発生又は児童の生命・心身・財産への重大な被害が生じるおそれに関する情報

④ 意図的な隠ぺい等の悪質な不正が疑われる情報

4 監査方法等

(1) 報告等

確認権限のある市町村長は、違反疑義等の確認について必要があると認めるときは、法第38条及び第50条に基づき、特定教育・保育施設等に対し、報告若しくは帳簿書類その他の物件の提出若しくは提示を命じ、出頭を求め、又は当該市町村の職員に関係者に対して質問させ、若しくは特定教育・保育施設等その他特定教育・保育施設等の運営に関係のある場所に立ち入り、その設備若しくは帳簿書類その他の物件の検査（以下「実地検査等」という。）を行うものとする。

確認権限のない市町村長が違反疑義等に関する情報を得た場合は、次の対応を行うものとする。なお、当該市町村が当該特定教育・保育施設等に対する施設型給付費等を支給している場合など、複数の市町村に関係がある場合については、都道府県が総合的な調整を行うものとする。

① 当該市町村長は、確認権限のある市町村長に対し、当該情報を共有する。

② 確認権限のある市町村長は、①の情報共有があったときは、速やかに必要な対応を行うものとする。

(2) 監査結果の通知等

監査の結果、法に定める行政上の措置に至らない軽微な改善を要すると認められた事項については、当該特定教育・保育施設等に対して、後日、文書によって指導内容の通知を行うとともに、原則として、文書で指導した事項に係る改善報告書の提出を求めるものとする。

(3) 行政上の措置

確認権限のある市町村長は、違反疑義等が認められた場合には、必要に応じて認可等の事務を行う都道府県と連携を図りながら、次のとおり、法第39条及び第51条（勧告、命令等）、法第40条及び第52条（確認の取消し等）の規定に基づき行政上の措置を機動的に行うものとする。

① 勧告

特定教育・保育施設等の設置者等に法第39条第1項及び第51条第1項に定める確認基準違反等が認められた場合、当該特定教育・保育施設等の設置者等に対し、期限を定めて、文書により基準の遵守等を行うべきことを勧告することができる。当該特定・保育施設等の設置者等は、勧告を受けた場合は、期限内に文書により改善報告書を提出するものとする。

② 命令

特定教育・保育施設等の設置者等が正当な理由がなくその勧告に係る措置をとらなかったときは、当該特定教育・保育施設等の設置者等に対し、期限を定めて、その勧告に係る措置をとるべきことを命令することができる。

命令をしたときは、その旨を公示するとともに、遅滞なく、その旨を、当該特定教育・保育施設等に係る認可等を行った都道府県知事等に通知しなければならない。

当該特定教育・保育施設等の設置者等は、命令を受けた場合は、期限内に文書により改善報告書を提出するものとする。

③ 確認の取消し等

確認基準違反等の内容が、第40条第1項各号及び第52条第1項各号のいずれかに該当する場合においては、当該特定教育・保育施設等に係る確認を取り消し、又は期間を定めてその確認の全部若しくは一部の効力を停止すること（以下「確認の取消し等」という。）ができる。

確認の取消し等をしたときは、遅滞なく、当該特定教育・保育施設の設置者の名称等を都道府県知事に届け出るとともに、これを公示しなければならない。

(4) 聴聞・弁明の機会の付与

監査の結果、当該特定教育・保育施設等の設置者等に対して命令又は確認の取消し等の処分（以下「取消処分等」という。）を行おうとする場合は、監査後、取消処分等の予定者に対して、行政手続法（平成5年法律第88号）第13条第1項各号の規定に基づき聴聞又は弁明の機会の付与を行わなければならない（同条第2項各号のいずれかに該当する場合を除く。）。

(5) 不正利得の徴収

① 勧告、命令又は確認の取消し等を行った場合において、当該取消し等の基礎となった事実が法第12条に定める偽りその他不正の手段により施設型給付費等を受けた場合に該当すると認めるときは、施設型給付費等の全部又は一部について、同条第1項の規定に基づく不正利得の徴収（返還金）として徴収を行う。

② ①に加え、命令又は確認の取消し等を行った特定教育・保育施設等について不正利得の徴収として返還金の徴収を求める際には、原則として、法第12条第2項の規定により、当該特定教育・保育施設等に対し、その支払った額につき返還させるほか、その返還させる額に100分の40を乗じて得た額を支払わせるようにする。

③ 複数の市町村が施設型給付費等を支給する特定教育・保育施設等については、①及び②の措置に関し、都道府県が総合的な調整を行う。

5 関係機関への情報提供

市町村は、都道府県に対して、監査結果の通知、行政上の措置及び不正利得の徴収の内容並びに改善報告書の概要について情報提供を行う。また、確認基準違反等の情報提供を受けた都道府県は、同一事案の発生可能性が高い場合など事案の性質に応じ、同一法人が有する特定教育・保育施設が所在する管内市区町村及び法人本部が所在する都道府県に適切に情報共有を行うこと。

なお、広域に事業を実施している社会福祉法人等については、「社会福祉法人の法人監査及び施設監査の連携について（依頼）」（平成29年9月26日付け府子本第762号・29文科初第868号・子発0926第1号・社援発0926第1号・老発0926第1号内閣府子ども・子育て本部統括官・文部科学省初等中等教育局長・厚生労働省子ども家庭局長・社会・援護局長・老健局長連名通知）により、必要な連携及び情報提供について別途通知しているので留意すること。

6 死亡事故等の重大事故が発生した特定・教育保育施設等に係る留意点

特定教育・保育施設等における死亡事故等の重大事故に係る検証が実施された場合には、検証の結果を踏まえた再発防止策についての当該施設における対応状況等を確認すること。

7 特定教育・保育施設等における死亡事故等の重大事故に係る検証が実施された場合、検証の結果については、今後の指導監督に反映させること。

○保育所等における保育士配置に係る特例について

〔平成28年2月18日　雇児発0218第2号
各都道府県知事・各指定都市市長・各中核市市長宛　厚生労働省雇用均等・児童家庭局長通知〕

近年、待機児童対策として保育の受け皿拡大を大幅に進めている状況下で、保育士の有効求人倍率は年々高くなるなど、保育の担い手の確保は喫緊の課題であり、これまでも保育士の処遇改善等様々な対策を行っているところであるが、より一層の対応が必要な状況である。

このため、保育における労働力需要に対応するよう、保育の質を落とさずに、保育士が行う業務について要件を一定程度柔軟化することにより、保育の担い手の裾野を拡げるとともに、保育士の勤務環境の改善（就業継続支援）につなげることが必要である。

そこで、本日、「児童福祉施設の設備及び運営に関する基準及び家庭的保育事業等の設備及び運営に関する基準の一部を改正する省令」（平成28年厚生労働省令第22号。以下「改正省令」という。）を別添のとおり公布し、平成28年4月1日以後、当分の間、保育所等（保育所並びに小規模保育事業所A型及び保育所型事業所内保育事業所をいう。以下同じ。）における保育士配置について、特例的運用を可能としたところである。

ついては、下記の事項に留意の上、貴管内の関係者に対して遅滞なく周知し、その運用に遺漏のないよう御配意願いたい。

なお、本通知は、地方自治法（昭和22年法律第67号）第245条の4第1項の規定に基づく技術的な助言であることを申し添える。

記

1 改正省令の概要

(1) 児童福祉施設の設備及び運営に関する基準の一部改正（改正省令第1条関係）

児童福祉施設の設備及び運営に関する基準（昭和23年厚生省令第63号。以下「基準」という。）第33条第2項に規定する保育所における職員配置について、保育の需要に対して保育の受け皿が不足していることに鑑み、当分の間、以下の特例を設けることとした。

① 朝夕等の児童が少数となる時間帯における保育士配置に係る特例（基準第94条関係）

基準第33条第2項ただし書の規定については、適用しないことができることとする。この場合であっても、児童の人数に応じて必要となる保育士の数が1名となる、朝夕等の児童が少数となる時間帯について、保育士1名に加えて、都道府知事（指定都市にあっては、当該指定都市の市長、中核市にあっては当該中核市の市長とする。以下同じ。）が保育士と同等の知識及び経験を有すると認める者を置かなければならない。

基準第94条中「都道府県知事が保育士と同等の知識及び経験を有すると認める者」とは、保育所で保育業務に従事した期間が十分にある者、家庭的保育者、子育て支援員研修のうち地域型保育コースを修了した者等が想定される。

② 幼稚園教諭及び小学校教諭並びに養護教諭の活用に係る特例（基準第95条関係）

基準第33条第2項に規定する保育士の数の算定については、幼稚園教諭若しくは小学校教諭又は養護教諭（以下「幼稚園教諭等」という。）の普通免許状を有する者を、保育士とみなすことができることとする。

幼稚園教諭等が保育することができる児童の年齢については、幼稚園教諭等の専門性を十分に発揮するという観点から、幼稚園教諭については3歳以上児、小学校教諭については5歳児を中心的に保育することが望ましい。

また、保育に従事したことのない幼稚園教諭等に対しては、子育て支援員研修等の必要な研修の受講を促すこととする。

③ 保育所における保育の実施に当たり必要となる保育士配置に係る特例（基準第96条関係）

保育所を1日につき8時間を超えて開所していること等により、認可の際に必要となる保育士に加えて保育士を確保しなければならない場合にあっては、基準第33条第2項に規定する保育士の数の算定について、追加的に確保しなければならない保育士の数の範囲内で、都道府県知事が保育士と同等の知識及び経験を有すると認める者を、保育士とみなすことができることとする。

基準第96条中「都道府県知事が保育士と同等の知識及び経験を有すると認める者」の要件については、基準第94条における保育士に加えて配置する者の要件と同様とする。併せて、保育士資格の取得を促していくこととする。

また、基準第96条中「保育所に係る利用定員の総数に応じておかなければならない保育士の数」とは、保育所の認可の基準として算定される保育士の数を意味している。

さらに、保育所における保育時間は、1日につき8時間を原則として保育所の長が定めるものであるが、8時間を超えて開所する保育所等では、各時間帯における必要保育士を配置するためには、「利用定員の総数に応じて置かなければならない保育士の数」に追加して保育士を確保する必要がある。同条中「開所時間を通じて必要となる保育士の総数」とは、このような場合における1日に配置しなければならない保育士の総数を意味している。

④ ②及び③の特例を適用する場合における保育士の必要数（基準第97条関係）

②及び③の特例を適用する場合であっても、保育士資格を有する者（児童福祉法（昭和22年法律第164号）第18条の18第1項の登録を受けた者をいう。）を、各時間帯において必要となる保育士の数の3分の2以上置かなければならない。

(2) 家庭的保育事業等の設備及び運営に関する基準の一部改正（改正省令第2条関係）

家庭的保育事業等の設備及び運営に関する基準（平成26年厚生労働省令第61号）第29条第2項及び第44条第2項に規定する小規模保育事業所A型及び保育所型事業所内保育事業所における保育士配置についても、1の(1)と同様の特例を設けることとした。

2 実施に係る留意事項

(1) 保育士確保に向けた取組の一層の強化について

保育所等における保育は、生涯にわたる人間形成の基礎を培うものであり、専門的知識と技術を有する保育士が行うことが原則である。そのため、各特例を実施するに当たっては、保育士が専門的業務に専念することができるよう、保育に直接的影響を及ぼさない事務的作業等は保育士以外の者が行うなど、業務負担の見直しを行うとともに、各自治体及び保育所等においても、保育士の確保対策の一層の強化に取り組むこととすること。

(2) 地域の実情に即した特例の実施について

各特例の実施に当たっては、各地域における待機児童の発生状況や保育士の不足状況等の事情を勘案して、改正省令の規定の範囲内において、限定的に実施することが可能であること。

(3) 各特例の対象となる保育所等の要件について

過去3年間の指導監査において、都道府県知事から勧告や改善命令等を受けている保育所等については、各特例の実施を認めないこととすること。また、各特例の適用範囲を、保育士等の処遇改善に取り組んでいる保育所等に限定することも考えられる。

(4) 各特例により保育士以外の者を保育士とみなす場合の公定価格上の取扱いについて

各特例を実施する場合の公定価格の算定に当たっては、保育士以外の者を保育士とみなして必要な算定を行うこととしており、保育士以外の者を保育士とみなす場合であっても、可能な限り、1名を超えた配置や保育士等の処遇改善に配慮しながら実施すること。

(5) 各特例の運用状況の把握に当たっての協力について

厚生労働省においては、各特例について、実施自治体及び保育所等の事例の把握を行い、継続的に検証していくこととしており、自治体及び保育所等にあっては、積極的に協力いただきたいこと。

3 施行期日

改正省令については、平成28年4月1日より施行するものであること。

○保育所等における利用乳幼児がいない時間帯の保育士配置の考え方について

〔令和2年2月14日　子保発0214第1号
各都道府県・各指定都市・各中核市民生主管部（局）長宛　厚生労働省子ども家庭局保育課長通知〕

保育施策の推進につきましては、日頃よりご尽力を賜り厚く御礼申し上げます。

平成27年度より施行された子ども・子育て支援新制度については、子ども・子育て支援法（平成24年法律第65号）及び就学前の子どもに関する教育、保育等の総合的な提供の推進に関する法律（平成24年法律第66号）において、その施行後5年を目途として検討を加え、その結果に基づき所要の措置を講ずることとされています。

これを受け、子ども・子育て会議において検討を重ねた結果、令和元年12月20日に「子ども・子育て支援新制度施行後5年の見直しに係る対応方針について」（以下「対応方針」という。）が取りまとめられました。

対応方針においては、『保育士等の業務負担軽減等による働き方改革については、子どもが全員帰宅した後の取扱いに関し、「市町村や保護者から連絡があった場合に備えて確実な連絡手段や体制が確保されていること」など連絡体制の確保措置を要件にしたうえで、そうした時間については保育士がいなくても可とすることを明確化すべきである。』とされたところです。これを踏まえ、保育所等における利用乳幼児がいない時間帯の保育士配置について、下記のとおり考え方を取りまとめましたので、十分御了知の上、貴管内の関係者に対して遅滞なく周知し、その運用に遺漏なきようご配慮いただきますようお願いします。

なお、この通知は、地方自治法（昭和22年法律第67号）第245条の4第1項の規定に基づく技術的な助言であることを申し添えます。

記

1　現行の保育士配置に係る規定

保育所等における保育士等の職員配置については、児童福祉施設の設備及び運営に関する基準（昭和23年厚生省令第63号。以下「設備運営基準」という。）及び家庭的保育事業等の設備及び運営に関する基準（平成26年厚生労働省令第61号）において、事業類型ごとに利用乳幼児に応じた保育士の配置を求めているところ。その規定内容は別表のとおり。

2　利用乳幼児がいない時間帯の保育士配置について

現行の規定においては、設備運営基準第33条第2項ただし書等、保育所等における保育士の配置を担保するための規定を設けているところ。当該規定の趣旨は、設備運営基準第33条第2項に基づき算出される配置すべき職員数にかかわらず、利用乳幼児に対して保育を提供するために必要な保育士の配置を確保するものであり、施設が開所する全ての時間帯において保育士を配置することを求めるものではない。

保育所等において、開所時間中に、全ての利用乳幼児が帰宅するなどにより利用乳幼児のいない時間帯が生じた場合にあっては、保育士の配置を求めないこととすることも差し支えない。ただし、この場合においても、突発的な事由により、自治体又は保護者から保育所に対して至急連絡を取る必要が生じた際に、少なくとも保育所等の開所時間内においては、随時円滑に施設管理者への連絡を取れる体制を確保すること。

なお、保育所等においては、保育の必要性認定により市町村が認定した保育必要量の範囲内で、各保護者の希望に応じた保育の提供がなされるべきものであり、上記の取扱いを実施するに当たっては、当該取扱いの実施により、各保護者の希望に基づく保育所等の利用が阻害されることがないよう、十分に配慮する必要があることに留意すること。

（別表）

施設類型	現行の規定
保育所	第33条　保育所には、保育士（特区法第12条の5第5項に規定する事業実施区域内にある保育所にあっては、保育士又は当該事業実施区域に係る国家戦略特別区域限定保育士。次項において同じ。）、嘱託医及び調理員を置かなければならない。ただし、調理業務の全部を委託する施設にあつては、調理員を置かないことができる。 2　保育士の数は、乳児おおむね3人につき1人以上、満1歳以上満3歳に満たない幼児おおむね6人につき1人以上、満3歳以上満4歳に満たない幼児おおむね20人につき1人以上、満4歳以上の幼児おおむね30人につき1人以上とする。ただし、保育所1につき2人を下ることはできない。
小規模A型	第29条　小規模保育事業所A型には、保育士（特区法第12条の5第5項に規定する事業実施区域内にある小規模保育事業所A型にあっては、保育士又は当該事業実施区域に係る国家戦略特別区域限定保育士。次項において同じ。）、嘱託医及び調理員を置かなければならない。ただし、調理業務の全部を委託する小規模保育事業所A型又は第16条第1項の規定により搬入施設から食事を搬入する小規模保育事業所A型にあっては、調理員を置かないことができる。 2　保育士の数は、次の各号に掲げる区分に応じ、当該各号に定める数の合計数に1を加えた数以上とする。 一　乳児　おおむね3人につき1人 二　満1歳以上満3歳に満たない幼児　おおむね6人につき1人 三　満3歳以上満4歳に満たない児童　おおむね20人につき1人（法第6条の3第10項第二号又は特区法第12条の4第1項の規定に基づき受け入れる場合に限る。次号において同じ。） 四　満4歳以上の児童　おおむね30人につき1人
小規模B型	第31条　小規模保育事業B型を行う事業所（以下「小規模保育事業所B型」という。）には、保育士（特区法第12条の5第5項に規定する事業実施区域内にある小規模保育事業所B型にあっては、保育士又は当該事業実施区域に係る国家戦略特別区域限定保育士。次項において同じ。）その他保育に従事する職員として市町村長が行う研修（市町村長が指定する都道府県知事その他の機関が行う研修を含む。）を修了した者（以下この条において「保育従事者」という。）、嘱託医及び調理員を置かなければならない。ただし、調理業務の全部を委託する小規模保育事業所B型又は第16条第1項の規定により搬入施設から食事を搬入する小規模保育事業所B型にあっては、調理員を置かないことができる。 2　保育従事者の数は、次の各号に掲げる乳幼児の区分に応じ、当該各号に定める数の合計数に1を加えた数以上とし、そのうち半数以上は保育士とする。 一　乳児　おおむね3人につき1人 二　満1歳以上満3歳に満たない幼児　おおむね6人につき1人

		三　満3歳以上満4歳に満たない児童　おおむね20人につき1人（法第6条の3第10項第二号又は特区法第12条の4第1項の規定に基づき受け入れる場合に限る。次号において同じ。） 四　満4歳以上の児童　おおむね30人につき1人
事業所内保育事業	利用定員20人以上	第44条　保育所型事業所内保育事業所には、保育士（特区法第12条の5第5項に規定する事業実施区域内にある保育所型事業所内保育事業所にあっては、保育士又は当該事業実施区域に係る国家戦略特別区域限定保育士。次項において同じ。）、嘱託医及び調理員を置かなければならない。ただし、調理業務の全部を委託する保育所型事業所内保育事業所又は第16条第1項の規定により搬入施設から食事を搬入する保育所型事業所内保育事業所にあっては、調理員を置かないことができる。 2　保育士の数は、次の各号に掲げる区分に応じ、当該各号に定める数の合計数以上とする。ただし、保育所型事業所内保育事業所1につき2人を下回ることはできない。 一　乳児　おおむね3人につき1人 二　満1歳以上満3歳に満たない幼児　おおむね6人につき1人 三　満3歳以上満4歳に満たない児童　おおむね20人につき1人（法第6条の3第12項第二号の規定に基づき受け入れる場合に限る。次号において同じ。） 四　満4歳以上の児童　おおむね30人につき1人
	利用定員19人以下	第47条　事業所内保育事業（利用定員が19人以下のものに限る。以下この条及び次条において「小規模型事業所内保育事業」という。）を行う事業所（以下この条及び次条において「小規模型事業所内保育事業所」という。）には、保育士（特区法第12条の5第5項に規定する事業実施区域内にある小規模型事業所内保育事業所にあっては、保育士又は当該事業実施区域に係る国家戦略特別区域限定保育士。次項において同じ。）その他保育に従事する職員として市町村長が行う研修（市町村長が指定する都道府県知事その他の機関が行う研修を含む。）を修了した者（以下この条において「保育従事者」という。）、嘱託医及び調理員を置かなければならない。ただし、調理業務の全部を委託する小規模型事業所内保育事業所又は第16条第1項の規定により搬入施設から食事を搬入する小規模型事業所内保育事業所にあっては、調理員を置かないことができる。 2　保育従事者の数は、次の各号に掲げる区分に応じ、当該各号に定める数の合計数に1を加えた数以上とし、そのうち半数以上は保育士とする。 一　乳児　おおむね3人につき1人 二　満1歳以上満3歳に満たない幼児　おおむね6人につき1人 三　満3歳以上満4歳に満たない児童　おおむね20人につき1人（法第6条の3第12項第二号の規定に基づき受け入れる場合に限る。次号において同じ。） 四　満4歳以上の児童　おおむね30人につき1人

◉土砂災害警戒区域等における土砂災害防止対策の推進に関する法律

〔平成12年5月8日
法 律 第 57 号〕

注 令和3年5月10日法律第31号改正現在
未施行分については〔参考〕として148ページ以降に収載

第1章　総則

(目的)

第1条　この法律は、土砂災害から国民の生命及び身体を保護するため、土砂災害が発生するおそれがある土地の区域を明らかにし、当該区域における警戒避難体制の整備を図るとともに、著しい土砂災害が発生するおそれがある土地の区域において一定の開発行為を制限し、建築物の構造の規制に関する所要の措置を定めるほか、土砂災害の急迫した危険がある場合において避難に資する情報を提供すること等により、土砂災害の防止のための対策の推進を図り、もって公共の福祉の確保に資することを目的とする。

(定義)

第2条　この法律において「土砂災害」とは、急傾斜地の崩壊(傾斜度が30度以上である土地が崩壊する自然現象をいう。)、土石流(山腹が崩壊して生じた土石等又は渓流の土石等が水と一体となって流下する自然現象をいう。第27条第2項及び第28条第1項において同じ。)若しくは地滑り(土地の一部が地下水等に起因して滑る自然現象又はこれに伴って移動する自然現象をいう。同項において同じ。)(以下「急傾斜地の崩壊等」と総称する。)又は河道閉塞による湛水(土石等が河道を閉塞したことによって水がたまる自然現象をいう。第7条第1項及び第28条第1項において同じ。)を発生原因として国民の生命又は身体に生ずる被害をいう。

第2章　土砂災害防止対策基本指針等

(土砂災害防止対策基本指針)

第3条　国土交通大臣は、土砂災害の防止のための対策の推進に関する基本的な指針(以下「基本指針」という。)を定めなければならない。

2　基本指針においては、次に掲げる事項について定めるものとする。

一　この法律に基づき行われる土砂災害の防止のための対策に関する基本的な事項

二　次条第1項の基礎調査の実施について指針となるべき事項

三　第7条第1項の規定による土砂災害警戒区域の指定及び第9条第1項の規定による土砂災害特別警戒区域の指定について指針となるべき事項

四　第9条第1項の土砂災害特別警戒区域内の建築物の移転その他この法律に基づき行われる土砂災害の防止のための対策に関し指針となるべき事項

五　第27条第1項の規定による危険降雨量の設定並びに同項の規定による土砂災害警戒情報の通知及び周知のための必要な措置について指針となるべき事項

六　第28条第1項及び第29条第1項の緊急調査の実施並びに第31条第1項の規定による土砂災害緊急情報の通知及び周知のための必要な措置について指針となるべき事項

3　国土交通大臣は、基本指針を定めようとするときは、あらかじめ、総務大臣及び農林水産大臣に協議するとともに、社会資本整備審議会の意見を聴かなければならない。

4　国土交通大臣は、基本指針を定めたときは、遅滞なく、これを公表しなければならない。
5　前2項の規定は、基本指針の変更について準用する。
（基礎調査）
第4条　都道府県は、基本指針に基づき、おおむね5年ごとに、第7条第1項の規定による土砂災害警戒区域の指定及び第9条第1項の規定による土砂災害特別警戒区域の指定その他この法律に基づき行われる土砂災害の防止のための対策に必要な基礎調査として、急傾斜地の崩壊等のおそれがある土地に関する地形、地質、降水等の状況及び土砂災害の発生のおそれがある土地の利用の状況その他の事項に関する調査（以下「基礎調査」という。）を行うものとする。
2　都道府県は、基礎調査の結果を、国土交通省令で定めるところにより、関係のある市町村（特別区を含む。以下同じ。）の長に通知するとともに、公表しなければならない。
3　国土交通大臣は、この法律を施行するため必要があると認めるときは、都道府県に対し、基礎調査の結果について必要な報告を求めることができる。
（基礎調査のための土地の立入り等）
第5条　都道府県知事又はその命じた者若しくは委任した者は、基礎調査のためにやむを得ない必要があるときは、その必要な限度において、他人の占有する土地に立ち入り、又は特別の用途のない他人の土地を作業場として一時使用することができる。
2　前項の規定により他人の占有する土地に立ち入ろうとする者は、あらかじめ、その旨を当該土地の占有者に通知しなければならない。ただし、あらかじめ通知することが困難であるときは、この限りでない。
3　第1項の規定により宅地又は垣、柵等で囲まれた他人の占有する土地に立ち入ろうとする場合においては、その立ち入ろうとする者は、立入りの際、あらかじめ、その旨を当該土地の占有者に告げなければならない。
4　日出前及び日没後においては、土地の占有者の承諾があった場合を除き、前項に規定する土地に立ち入ってはならない。
5　第1項の規定により他人の占有する土地に立ち入ろうとする者は、その身分を示す証明書を携帯し、関係人の請求があったときは、これを提示しなければならない。
6　第1項の規定により特別の用途のない他人の土地を作業場として一時使用しようとする者は、あらかじめ、当該土地の占有者及び所有者に通知して、その意見を聴かなければならない。
7　土地の占有者又は所有者は、正当な理由がない限り、第1項の規定による立入り又は一時使用を拒み、又は妨げてはならない。
8　都道府県は、第1項の規定による立入り又は一時使用により損失を受けた者がある場合においては、その者に対して、通常生ずべき損失を補償しなければならない。
9　前項の規定による損失の補償については、都道府県と損失を受けた者とが協議しなければならない。
10　前項の規定による協議が成立しない場合においては、都道府県は、自己の見積もった金額を損失を受けた者に支払わなければならない。この場合において、当該金額について不服のある者は、政令で定めるところにより、補償金の支払を受けた日から30日以内に、収用委員会に土地収用法（昭和26年法律第219号）第94条第2項の規定による裁決を申請することができる。
（基礎調査に関する是正の要求の方式）
第6条　国土交通大臣は、都道府県の基礎調査に関する事務の処理が法令の規定に違反している場合又は科学的知見に基づかずに行われている場合において、当該基礎調査の結果によったのでは次条第1項の規定による土砂災害警戒区域の指定又は第9条第1項の規定による土砂災害特別警戒区域の指定が著しく適正を欠くこととなり、住民等の生命又は身体に危害が生ずるおそれがあることが明らかであるとして地方自治法（昭和22年法律第67号）第245条の5第1項の規定による求めを行うときは、当該都道府県が講ずべき措置の内容を示して行うものとする。

第3章　土砂災害警戒区域

（土砂災害警戒区域）

第7条　都道府県知事は、基本指針に基づき、急傾斜地の崩壊等が発生した場合には住民等の生命又は身体に危害が生ずるおそれがあると認められる土地の区域で、当該区域における土砂災害（河道閉塞による湛水を発生原因とするものを除く。以下この章、次章及び第27条において同じ。）を防止するために警戒避難体制を特に整備すべき土地の区域として政令で定める基準に該当するものを、土砂災害警戒区域（以下「警戒区域」という。）として指定することができる。

2　前項の規定による指定（以下この条において「指定」という。）は、第2条に規定する土砂災害の発生原因ごとに、指定の区域及びその発生原因となる自然現象の種類を定めてするものとする。

3　都道府県知事は、指定をしようとするときは、あらかじめ、関係のある市町村の長の意見を聴かなければならない。

4　都道府県知事は、指定をするときは、国土交通省令で定めるところにより、その旨並びに指定の区域及び土砂災害の発生原因となる自然現象の種類を公示しなければならない。

5　都道府県知事は、前項の規定による公示をしたときは、速やかに、国土交通省令で定めるところにより、関係のある市町村の長に、同項の規定により公示された事項を記載した図書を送付しなければならない。

6　前3項の規定は、指定の解除について準用する。

（警戒避難体制の整備等）

第8条　市町村防災会議（災害対策基本法（昭和36年法律第223号）第16条第1項の市町村防災会議をいい、これを設置しない市町村にあっては、当該市町村の長とする。次項において同じ。）は、前条第1項の規定による警戒区域の指定があったときは、市町村地域防災計画（同法第42条第1項の市町村地域防災計画をいう。以下同じ。）において、当該警戒区域ごとに、次に掲げる事項について定めるものとする。

一　土砂災害に関する情報の収集及び伝達並びに予報又は警報の発令及び伝達に関する事項

二　避難施設その他の避難場所及び避難路その他の避難経路に関する事項

三　災害対策基本法第48条第1項の防災訓練として市町村長が行う土砂災害に係る避難訓練の実施に関する事項

四　警戒区域内に、要配慮者利用施設（社会福祉施設、学校、医療施設その他の主として防災上の配慮を要する者が利用する施設をいう。以下同じ。）であって、急傾斜地の崩壊等が発生するおそれがある場合における当該要配慮者利用施設を利用している者の円滑かつ迅速な避難を確保する必要があると認められるものがある場合にあっては、当該要配慮者利用施設の名称及び所在地

五　救助に関する事項

六　前各号に掲げるもののほか、警戒区域における土砂災害を防止するために必要な警戒避難体制に関する事項

2　市町村防災会議は、前項の規定により市町村地域防災計画において同項第四号に掲げる事項を定めるときは、当該市町村地域防災計画において、急傾斜地の崩壊等が発生するおそれがある場合における要配慮者利用施設を利用している者の円滑かつ迅速な避難を確保するため、同項第一号に掲げる事項として土砂災害に関する情報、予報及び警報の伝達に関する事項を定めるものとする。

3　警戒区域をその区域に含む市町村の長は、市町村地域防災計画に基づき、国土交通省令で定めるところにより、土砂災害に関する情報の伝達方法、急傾斜地の崩壊等が発生するおそれがある場合における避難施設その他の避難場所及び避難路その他の避難経路に関する事項その他警戒区域における円滑な警戒避難を確保する上で必要な事項を住民等に周知させるため、これらの事項を記載した印刷物の配布その他の必要な措置を講じなければならない。

（要配慮者利用施設の利用者の避難の確保のための措置に関する計画の作成等）

第8条の2　前条第1項の規定により市町村地域防災計画にその名称及び所在地を定められた要配慮者利用施設の所有者又は管理者は、国土交通省令で定めるところにより、急傾斜地の崩壊等が発生するおそれがある場合における当該要配

慮者利用施設を利用している者の円滑かつ迅速な避難の確保を図るために必要な訓練その他の措置に関する計画を作成しなければならない。

2　前項の要配慮者利用施設の所有者又は管理者は、同項の規定による計画を作成したときは、遅滞なく、これを市町村長に報告しなければならない。これを変更したときも、同様とする。

3　市町村長は、第1項の要配慮者利用施設の所有者又は管理者が同項に規定する計画を作成していない場合において、急傾斜地の崩壊等が発生するおそれがある場合における当該要配慮者利用施設を利用している者の円滑かつ迅速な避難の確保を図るため必要があると認めるときは、当該要配慮者利用施設の所有者又は管理者に対し、必要な指示をすることができる。

4　市町村長は、前項の規定による指示を受けた第1項の要配慮者利用施設の所有者又は管理者が、正当な理由がなく、その指示に従わなかったときは、その旨を公表することができる。

5　第1項の要配慮者利用施設の所有者又は管理者は、同項に規定する計画で定めるところにより、急傾斜地の崩壊等が発生するおそれがある場合における同項の要配慮者利用施設を利用している者の円滑かつ迅速な避難の確保のための訓練を行うとともに、その結果を市町村長に報告しなければならない。

6　市町村長は、第2項又は前項の規定により報告を受けたときは、第1項の要配慮者利用施設の所有者又は管理者に対し、急傾斜地の崩壊等が発生するおそれがある場合における当該要配慮者利用施設を利用している者の円滑かつ迅速な避難の確保を図るために必要な助言又は勧告をすることができる。

第4章　土砂災害特別警戒区域

（土砂災害特別警戒区域）

第9条　都道府県知事は、基本指針に基づき、警戒区域のうち、急傾斜地の崩壊等が発生した場合には建築物に損壊が生じ住民等の生命又は身体に著しい危害が生ずるおそれがあると認められる土地の区域で、一定の開発行為の制限及び居室（建築基準法（昭和25年法律第201号）第2条第四号に規定する居室をいう。以下同じ。）を有する建築物の構造の規制をすべき土地の区域として政令で定める基準に該当するものを、土砂災害特別警戒区域（以下「特別警戒区域」という。）として指定することができる。

2　前項の規定による指定（以下この条において「指定」という。）は、第2条に規定する土砂災害の発生原因ごとに、指定の区域並びにその発生原因となる自然現象の種類及び当該自然現象により建築物に作用すると想定される衝撃に関する事項（土砂災害の発生を防止するために行う建築物の構造の規制に必要な事項として政令で定めるものに限る。）を定めてするものとする。

3　都道府県知事は、指定をしようとするときは、あらかじめ、関係のある市町村の長の意見を聴かなければならない。

4　都道府県知事は、指定をするときは、国土交通省令で定めるところにより、その旨並びに指定の区域、土砂災害の発生原因となる自然現象の種類及び第2項の政令で定める事項を公示しなければならない。

5　都道府県知事は、前項の規定による公示をしたときは、速やかに、国土交通省令で定めるところにより、関係のある市町村の長に、同項の規定により公示された事項を記載した図書を送付しなければならない。

6　指定は、第4項の規定による公示によってその効力を生ずる。

7　関係のある市町村の長は、第5項の図書を当該市町村の事務所において、一般の縦覧に供しなければならない。

8　都道府県知事は、土砂災害の防止に関する工事の実施等により、特別警戒区域の全部又は一部について指定の事由がなくなったと認めるときは、当該特別警戒区域の全部又は一部について指定を解除するものとする。

9　第3項から第6項までの規定は、前項の規定による解除について準用する。

（特定開発行為の制限）

第10条　特別警戒区域内において、都市計画法（昭和43年法律第100号）第4条第12項に規定する開発行為で当該開発行為をする土地の区域内において建築が予定されている建築物（当該区域が特別警戒区域の内外にわたる場合においては、特別警戒区域外において建築が予定されている建築物を除く。以下「予定建築物」という。）の用途が制限用途であるもの（以下「特定開発行為」という。）をしようとする者は、あらかじめ、都道府県知事の許可を受けなければならない。ただし、非常災害のために必要な応急措置として行う行為その他の政令で定める行為については、この限りでない。

2　前項の制限用途とは、予定建築物の用途で、住宅（自己の居住の用に供するものを除く。）並びに高齢者、障害者、乳幼児その他の特に防災上の配慮を要する者が利用する社会福祉施設、学校及び医療施設（政令で定めるものに限る。）以外の用途でないものをいう。

（申請の手続）

第11条　前条第1項の許可を受けようとする者は、国土交通省令で定めるところにより、次に掲げる事項を記載した申請書を提出しなければならない。

一　特定開発行為をする土地の区域（第14条第2項及び第19条において「開発区域」という。）の位置、区域及び規模

二　予定建築物（前条第1項の制限用途のものに限る。以下「特定予定建築物」という。）の用途及びその敷地の位置

三　特定予定建築物における土砂災害を防止するため自ら施行しようとする工事（次号において「対策工事」という。）の計画

四　対策工事以外の特定開発行為に関する工事の計画

五　その他国土交通省令で定める事項

2　前項の申請書には、国土交通省令で定める図書を添付しなければならない。

（許可の基準）

第12条　都道府県知事は、第10条第1項の許可の申請があったときは、前条第1項第三号及び第四号に規定する工事（以下「対策工事等」という。）の計画が、特定予定建築物における土砂災害を防止するために必要な措置を政令で定める技術的基準に従い講じたものであり、かつ、その申請の手続がこの法律又はこの法律に基づく命令の規定に違反していないと認めるときは、その許可をしなければならない。

（許可の条件）

第13条　都道府県知事は、第10条第1項の許可に、対策工事等の施行に伴う災害を防止するために必要な条件を付することができる。

（既着手の場合の届出等）

第14条　第9条第1項の規定による特別警戒区域の指定の際当該特別警戒区域内において既に特定開発行為（第10条第1項ただし書の政令で定める行為を除く。）に着手している者は、その指定の日から起算して21日以内に、国土交通省令で定めるところにより、その旨を都道府県知事に届け出なければならない。

2　都道府県知事は、前項の規定による届出があった場合において、当該届出に係る開発区域（特別警戒区域内のものに限る。）における土砂災害を防止するために必要があると認めるときは、当該届出をした者に対して、予定建築物の用途の変更その他の必要な助言又は勧告をすることができる。

（許可の特例）

第15条　国又は地方公共団体が行う特定開発行為については、国又は地方公共団体と都道府県知事との協議が成立することをもって第10条第1項の許可を受けたものとみなす。

（許可又は不許可の通知）

第16条　都道府県知事は、第10条第1項の許可の申請があったときは、遅滞なく、許可又は不許可の処分をしなければならない。

2　前項の処分をするには、文書をもって当該申請をした者に通知しなければならない。

（変更の許可等）

第17条　第10条第1項の許可（この項の規定による許可を含む。）を受けた者は、第11条第1項第二号から第四号までに掲げる事項の変更をしようとする場合においては、都道府県知事の許可を受けなければならない。ただし、変更後の予定建築物の用途が第10条第1項の制限用途以外のものであるとき、又は国土交通省令で定める軽微な変更をしようとするときは、この限りでない。

2　前項の許可を受けようとする者は、国土交通省令で定める事項を記載した申請

書を都道府県知事に提出しなければならない。

3　第10条第1項の許可を受けた者は、第1項ただし書に該当する変更をしたときは、遅滞なく、その旨を都道府県知事に届け出なければならない。

4　第12条、第13条及び前2条の規定は、第1項の許可について準用する。

5　第1項の許可又は第3項の規定による届出の場合における次条から第20条までの規定の適用については、第1項の許可又は第3項の規定による届出に係る変更後の内容を第10条第1項の許可の内容とみなす。

（工事完了の検査等）

第18条　第10条第1項の許可を受けた者は、当該許可に係る対策工事等の全てを完了したときは、国土交通省令で定めるところにより、その旨を都道府県知事に届け出なければならない。

2　都道府県知事は、前項の規定による届出があったときは、遅滞なく、当該対策工事等が第12条の政令で定める技術的基準に適合しているかどうかについて検査し、その検査の結果当該対策工事等が当該政令で定める技術的基準に適合していると認めたときは、国土交通省令で定める様式の検査済証を当該届出をした者に交付しなければならない。

3　都道府県知事は、前項の規定により検査済証を交付したときは、遅滞なく、国土交通省令で定めるところにより、当該対策工事等が完了した旨を公告しなければならない。

（建築制限）

第19条　第10条第1項の許可を受けた開発区域（特別警戒区域内のものに限る。）内の土地においては、前条第3項の規定による公告があるまでの間は、第10条第1項の制限用途の建築物を建築してはならない。

（特定開発行為の廃止）

第20条　第10条第1項の許可を受けた者は、当該許可に係る対策工事等を廃止したときは、遅滞なく、国土交通省令で定めるところにより、その旨を都道府県知事に届け出なければならない。

（監督処分）

第21条　都道府県知事は、次の各号のいずれかに該当する者に対して、特定予定建築物における土砂災害を防止するために必要な限度において、第10条第1項若しくは第17条第1項の許可を取り消し、若しくはその許可に付した条件を変更し、又は工事その他の行為の停止を命じ、若しくは相当の期限を定めて必要な措置をとることを命ずることができる。

一　第10条第1項又は第17条第1項の規定に違反して、特定開発行為をした者

二　第10条第1項又は第17条第1項の許可に付した条件に違反した者

三　特別警戒区域で行われる又は行われた特定開発行為（当該特別警戒区域の指定の際当該特別警戒区域内において既に着手している行為を除く。）であって、特定予定建築物の土砂災害を防止するために必要な措置を第12条の政令で定める技術的基準に従って講じていないものに関する工事の注文主若しくは請負人（請負工事の下請人を含む。）又は請負契約によらないで自らその工事をしている者若しくはした者

四　詐欺その他不正な手段により第10条第1項又は第17条第1項の許可を受けた者

2　前項の規定により必要な措置をとることを命じようとする場合において、過失がなくて当該措置を命ずべき者を確知することができないときは、都道府県知事は、その者の負担において、当該措置を自ら行い、又はその命じた者若しくは委任した者にこれを行わせることができる。この場合においては、相当の期限を定めて、当該措置を行うべき旨及びその期限までに当該措置を行わないときは、都道府県知事又はその命じた者若しくは委任した者が当該措置を行う旨を、あらかじめ、公告しなければならない。

3　都道府県知事は、第1項の規定による命令をした場合においては、標識の設置その他国土交通省令で定める方法により、その旨を公示しなければならない。

4　前項の標識は、第1項の規定による命令に係る土地又は建築物若しくは建築物の敷地内に設置することができる。この場合においては、同項の規定による命令に係る土地又は建築物若しくは建築物の敷地の所有者、管理者又は占有者

は、当該標識の設置を拒み、又は妨げてはならない。
（立入検査）
第22条　都道府県知事又はその命じた者若しくは委任した者は、第10条第1項、第17条第1項、第18条第2項、第19条又は前条第1項の規定による権限を行うため必要がある場合においては、当該土地に立ち入り、当該土地又は当該土地において行われている対策工事等の状況を検査することができる。
2　第5条第5項の規定は、前項の場合について準用する。
3　第1項の規定による立入検査の権限は、犯罪捜査のために認められたものと解してはならない。
（報告の徴収等）
第23条　都道府県知事は、第10条第1項又は第17条第1項の許可を受けた者に対し、当該許可に係る土地若しくは当該許可に係る対策工事等の状況について報告若しくは資料の提出を求め、又は当該土地における土砂災害を防止するために必要な助言若しくは勧告をすることができる。
（特別警戒区域内における居室を有する建築物の構造耐力に関する基準）
第24条　特別警戒区域における土砂災害の発生を防止するため、建築基準法第20条第1項に基づく政令においては、居室を有する建築物の構造が当該土砂災害の発生原因となる自然現象により建築物に作用すると想定される衝撃に対して安全なものとなるよう建築物の構造耐力に関する基準を定めるものとする。
（特別警戒区域内における居室を有する建築物に対する建築基準法の適用）
第25条　特別警戒区域（建築基準法第6条第1項第4号に規定する区域を除く。）内における居室を有する建築物（同項第1号から第3号までに掲げるものを除く。）については、同項第4号の規定に基づき都道府県知事が関係市町村の意見を聴いて指定する区域内における建築物とみなして、同法第6条から第7条の5まで、第18条、第89条、第91条及び第93条の規定（これらの規定に係る罰則を含む。）を適用する。
（移転等の勧告）
第26条　都道府県知事は、急傾斜地の崩壊等が発生した場合には特別警戒区域内に存する居室を有する建築物に損壊が生じ、住民等の生命又は身体に著しい危害が生ずるおそれが大きいと認めるときは、当該建築物の所有者、管理者又は占有者に対し、当該建築物の移転その他土砂災害を防止し、又は軽減するために必要な措置をとることを勧告することができる。
2　都道府県知事は、前項の規定による勧告をした場合において、必要があると認めるときは、その勧告を受けた者に対し、土地の取得についてのあっせんその他の必要な措置を講ずるよう努めなければならない。

第5章　避難に資する情報の提供等

（土砂災害警戒情報の提供）
第27条　都道府県知事は、基本指針に基づき、当該都道府県の区域を分けて定める区域ごとに、土砂災害の急迫した危険が予想される降雨量（以下この条において「危険降雨量」という。）を設定し、当該区域に係る降雨量が危険降雨量に達したときは、災害対策基本法第60条第1項の規定による避難のための立退きの指示の判断に資するため、土砂災害の発生を警戒すべき旨の情報（次項において「土砂災害警戒情報」という。）を関係のある市町村の長に通知するとともに、一般に周知させるため必要な措置を講じなければならない。
2　前項の規定による土砂災害警戒情報の通知及び周知のための必要な措置は、その区域に係る降雨量が危険降雨量に達した区域（以下この項において「危険降雨量区域」という。）のほか、その周辺の区域のうち土砂災害が発生するおそれがあると認められるもの（危険降雨量区域において土石流が発生した場合には、当該土石流が到達し、土砂災害が発生するおそれがあると認められる区域を含む。）を明らかにしてするものとする。
（都道府県知事が行う緊急調査）
第28条　都道府県知事は、土石流、地滑り又は河道閉塞による湛水を発生原因とする重大な土砂災害の急迫した危険が予想されるものとして政令で定める状況があると認めるときは、基本指針に基づき、これらの自然現象を発生原因とする重大な土砂災害が想定される土地の区域及び時期を明らかにするため必要な調査

（以下「緊急調査」という。）を行うものとする。ただし、次条第1項の規定により国土交通大臣が緊急調査を行う場合は、この限りでない。

2　都道府県知事は、緊急調査の結果、基本指針に基づき、前項の重大な土砂災害の危険がないと認めるとき、又はその危険が急迫したものでないと認めるときは、当該緊急調査を終了することができる。

（国土交通大臣が行う緊急調査）

第29条　国土交通大臣は、前条第1項の政令で定める状況があると認める場合であって、当該土砂災害の発生原因である自然現象が緊急調査を行うために特に高度な専門的知識及び技術を要するものとして政令で定めるものであるときは、基本指針に基づき、緊急調査を行うものとする。

2　国土交通大臣は、前項の規定により緊急調査を行おうとするときは、あらかじめ、緊急調査を行おうとする土地の区域を管轄する都道府県知事にその旨を通知しなければならない。次項において準用する前条第2項の規定により緊急調査を終了しようとするときも、同様とする。

3　前条第2項の規定は、国土交通大臣が行う緊急調査について準用する。

（緊急調査のための土地の立入り等）

第30条　都道府県知事若しくは国土交通大臣又はこれらの命じた者若しくは委任した者は、緊急調査のためにやむを得ない必要があるときは、これらの必要な限度において、他人の占有する土地に立ち入り、又は特別の用途のない他人の土地を作業場として一時使用することができる。

2　第5条（第1項及び第4項を除く。）の規定は、前項の規定による立入り及び一時使用について準用する。この場合において、同条第8項から第10項までの規定中「都道府県」とあるのは、「都道府県又は国」と読み替えるものとする。

（土砂災害緊急情報の通知及び周知等）

第31条　都道府県知事又は国土交通大臣は、緊急調査の結果、基本指針に基づき、第28条第1項に規定する自然現象の発生により一定の土地の区域において重大な土砂災害の急迫した危険があると認めるとき、又は当該土砂災害が想定される土地の区域若しくは時期が明らかに変化したと認めるときは、災害対策基本法第60条第1項及び第6項の規定による避難のための立退きの指示の判断に資するため、当該緊急調査により得られた当該土砂災害が想定される土地の区域及び時期に関する情報（次項において「土砂災害緊急情報」という。）を、都道府県知事にあっては関係のある市町村の長に、国土交通大臣にあっては関係のある都道府県及び市町村の長に通知するとともに、一般に周知させるため必要な措置を講じなければならない。

2　都道府県知事又は国土交通大臣は、土砂災害緊急情報のほか、緊急調査により得られた情報を、都道府県知事にあっては関係のある市町村の長に、国土交通大臣にあっては関係のある都道府県及び市町村の長に随時提供するよう努めるものとする。

（避難のための立退きの指示の解除に関する助言）

第32条　市町村長は、災害対策基本法第60条第1項の規定による避難のための立退きの指示（土砂災害が発生し、又は発生するおそれがある場合におけるものに限る。）を解除しようとする場合において、必要があると認めるときは、国土交通大臣又は都道府県知事に対し、当該解除に関する事項について、助言を求めることができる。この場合において、助言を求められた国土交通大臣又は都道府県知事は、必要な助言をするものとする。

第6章　雑則

（費用の補助）

第33条　国は、都道府県に対し、予算の範囲内において、政令で定めるところにより、基礎調査に要する費用の一部を補助することができる。

（資金の確保等）

第34条　国及び都道府県は、第26条第1項の規定による勧告に基づく建築物の移転等が円滑に行われるために必要な資金の確保、融通又はそのあっせんに努めるものとする。

（緊急時の指示）

第35条　国土交通大臣は、土砂災害が発生し、又は発生するおそれがあると認められる場合において、土砂災害を防止し、又は軽減するため緊急の必要があると認められるときは、都道府県知事に対し、この法律の規定により都道府県知事が行う事務のうち政令で定めるものに関し、必要な指示をすることができる。

（地方公共団体への援助）

第36条　国土交通大臣は、第31条第2項に規定するもののほか、第7条第1項の規定による警戒区域の指定及び第9条第1項の規定による特別警戒区域の指定その他この法律に基づく都道府県及び市町村が行う事務が適正かつ円滑に行われるよう、都道府県及び市町村に対する必要な助言、情報の提供その他の援助を行うよう努めなければならない。

（権限の委任）

第37条　この法律に規定する国土交通大臣の権限は、国土交通省令で定めるところにより、その一部を地方整備局長又は北海道開発局長に委任することができる。

第7章　罰則

第38条　次の各号のいずれかに該当する者は、1年以下の懲役又は50万円以下の罰金に処する。

一　第10条第1項又は第17条第1項の規定に違反して、特定開発行為をした者

二　第19条の規定に違反して、第10条第1項の制限用途の建築物を建築した者

三　第21条第1項の規定による都道府県知事の命令に違反した者

第39条　次の各号のいずれかに該当する者は、6月以下の懲役又は30万円以下の罰金に処する。

一　第5条第7項（第30条第2項において準用する場合を含む。）の規定に違反して、土地の立入り又は一時使用を拒み、又は妨げた者

二　第22条第1項の規定による立入検査を拒み、妨げ、又は忌避した者

第40条　第23条の規定による報告又は資料の提出を求められて、報告若しくは資料を提出せず、又は虚偽の報告若しくは資料の提出をした者は、20万円以下の罰金に処する。

第41条　法人の代表者又は法人若しくは人の代理人、使用人その他の従業者が、その法人又は人の業務又は財産に関し、前3条の違反行為をしたときは、行為者を罰するほか、その法人又は人に対しても各本条の罰金刑を科する。

第42条　第14条第1項、第17条第3項又は第20条の規定に違反して、届出をせず、又は虚偽の届出をした者は、20万円以下の過料に処する。

附　則　抄

（施行期日）

第1条　この法律は、平成13年4月1日から施行する。

附　則　（平成17年5月2日法律第37号）　抄

（施行期日）

第1条　この法律は、公布の日から起算して3月を超えない範囲内において政令で定める日〔平成17年7月1日〕から施行する。

（政令への委任）

第4条　前2条に定めるもののほか、この法律の施行に関して必要な経過措置は、政令で定める。

附　則　（平成22年11月25日法律第52号）　抄

（施行期日）

1　この法律は、公布の日から起算して6月を超えない範囲内において政令で定める日〔平成23年5月1日〕から施行する。

附　則　（平成25年6月21日法律第54号）　抄

（施行期日）

第1条　この法律は、公布の日〔平成25年6月21日〕から施行する。

（政令への委任）

第22条　この附則に定めるもののほか、この法律の施行に関し必要な経過措置は、政令で定める。

附　則　（平成26年6月4日法律第54号）　抄

（施行期日）

第1条　この法律は、公布の日から起算して1年を超えない範囲内において政令で定

める日〔平成27年6月1日〕から施行する。

附　則　（平成26年11月19日法律第109号）　抄

（施行期日）

第1条　この法律は、公布の日から起算して2月を超えない範囲内において政令で定める日〔平成27年1月18日〕から施行する。

（経過措置）

第2条　この法律による改正後の土砂災害警戒区域等における土砂災害防止対策の推進に関する法律（次項において「新法」という。）第4条第2項の規定は、この法律の施行前に行われた基礎調査の結果についても、適用する。

2　新法第8条の規定は、この法律の施行の際現にこの法律による改正前の土砂災害警戒区域等における土砂災害防止対策の推進に関する法律第6条第1項の規定により指定されている警戒区域についても、適用する。この場合において、新法第8条第1項中「前条第1項の規定による警戒区域の指定があったときは」とあるのは「土砂災害警戒区域等における土砂災害防止対策の推進に関する法律の一部を改正する法律（平成26年法律第109号。以下この項において「改正法」という。）の施行後速やかに」と、「同法」とあるのは「災害対策基本法」と、「当該警戒区域」とあるのは「改正法の施行の際現に改正法による改正前の土砂災害警戒区域等における土砂災害防止対策の推進に関する法律第6条第1項の規定により指定されている警戒区域（以下この条において単に「警戒区域」という。）」とする。

（政令への委任）

第3条　前条に定めるもののほか、この法律の施行に関し必要な経過措置は、政令で定める。

附　則　（平成29年5月19日法律第31号）　抄

（施行期日）

第1条　この法律は、公布の日から起算して3月を超えない範囲内において政令で定める日〔平成29年6月19日〕から施行する。

（政令への委任）

第3条　前条に定めるもののほか、この法律の施行に関し必要な経過措置は、政令で定める。

（検討）

第4条　政府は、この法律の施行後5年を経過した場合において、第1条から第3条までの規定による改正後の規定の施行の状況について検討を加え、必要があると認めるときは、その結果に基づいて所要の措置を講ずるものとする。

附　則　（令和3年5月10日法律第30号）　抄

（施行期日）

第1条　この法律は、公布の日から起算して1月を超えない範囲内において政令で定める日〔令和3年5月20日〕から施行する。

附　則　（令和3年5月10日法律第31号）　抄

（施行期日）

第1条　この法律は、公布の日から起算して6月を超えない範囲内において政令で定める日〔令和3年11月1日〕から施行する。ただし、次の各号に掲げる規定は、当該各号に定める日から施行する。

一　附則第3条の規定　公布の日〔令和3年5月10日〕

二　〔前略〕第11条の規定〔中略〕　公布の日から起算して3月を超えない範囲内において政令で定める日〔令和3年7月15日〕

（政令への委任）

第3条　前条に定めるもののほか、この法律の施行に関し必要な経過措置（罰則に関する経過措置を含む。）は、政令で定める。

（検討）

第4条　政府は、この法律の施行後5年を目途として、この法律による改正後のそれぞれの法律の規定について、その施行の状況等を勘案して検討を加え、必要があると認めるときは、その結果に基づいて所要の措置を講ずるものとする。

〔参考1〕

◉刑法等の一部を改正する法律の施行に伴う関係法律の整理等に関する法律(抄)

〔令和4年6月17日
法 律 第 68 号〕

(船舶法等の一部改正)

第342条　次に掲げる法律の規定中「懲役」を「拘禁刑」に改める。

四十二　土砂災害警戒区域等における土砂災害防止対策の推進に関する法律(平成12年法律第57号)第38条及び第39条

附　則(抄)

(施行期日)

1　この法律は、刑法等一部改正法施行日から施行する。

〔参考2〕

◉脱炭素社会の実現に資するための建築物のエネルギー消費性能の向上に関する法律等の一部を改正する法律(抄)

〔令和4年6月17日
法 律 第 69 号〕

附　則(抄)

(施行期日)

第1条　この法律は、公布の日から起算して3年を超えない範囲内において政令で定める日から施行する。

(罰則の適用に関する経過措置)

第4条　この法律(附則第1条第四号に掲げる規定にあっては、当該規定)の施行前にした行為及び附則第2条の規定によりなお従前の例によることとされる場合におけるこの法律の施行後にした行為に対する罰則の適用については、なお従前の例による。

(政令への委任)

第5条　前3条に定めるもののほか、この法律の施行に関し必要な経過措置(罰則に関する経過措置を含む。)は、政令で定める。

(検討)

第6条　政府は、この法律の施行後5年を目途として、この法律による改正後のそれぞれの法律の規定について、その施行の状況等を勘案して検討を加え、必要があると認めるときは、その結果に基づいて所要の措置を講ずるものとする。

(土砂災害警戒区域等における土砂災害防止対策の推進に関する法律の一部改正)

第10条　土砂災害警戒区域等における土砂災害防止対策の推進に関する法律(平成12年法律第57号)の一部を次のように改正する。

第25条中「第6条第1項第四号」を「第6条第1項第三号」に、「から第三号まで」を「又は第二号」に、「同項第四号」を「同項第三号」に改める。

索引

や

ら

おわりに

本書は、東京都中央区で実施している認可保育所・認定こども園向けの集団指導用のテキストとして作成しましたが、本区に留まらず、保育の質の向上の一助となるべく本書の刊行を企画しました。保育所を運営するうえで守らなければならない基準を、どうして、何のためにという視点で現場の先生方の声を聞きながら書きました。

事後対応ではなく、事前対応。

保育の質向上のために、これから力を入れるべきは、指摘をして直すのではなく、指摘する前に現場に理解してもらい、浸透させることだと考えています。

指導検査基準は毎年少しずつ改正されます。自治体による基準の違いもあります。ただ、根本的な部分はそれほど変わらないと考えています。保育の質の向上のために、中央区以外の園長や事業者の方にもご活用いただき、すべての保育施設で指導検査での指摘がない状態を目指していきましょう！

最後になりますが、本書の刊行にあたり、後押ししてくださった東京都中央区福祉保健部の皆様、あたたかくも厳しいダメ出しをくださった指導担当係の皆様、ご協力いただいた園長をはじめ職員や運営事業者の皆様、本書作成にご尽力いただいた中央法規出版株式会社第一編集部の平林敦史様および関係の皆様に、この場を借りて、厚く御礼申し上げます。

著者

［著者紹介］

和田挙明
わだ・たかあき

東京都中央区福祉保健部 副参事（保育指導・特命担当）。
民間の保育事業者として認可外、認可の保育所運営を経験した後、令和2年より東京都中央区の福祉保健部に配属。
指導検査や巡回の統括・管理、保育の質向上のための仕組み作りを担当している。

保育所、認定こども園の園長に役立つ
指導監査を保育の質につなげるガイドブック

2022年8月10日　発行

著　者　和田挙明
発行者　荘村明彦
発行所　中央法規出版株式会社
〒110-0016 東京都台東区台東3-29-1 中央法規ビル
Tel 03（6387）3196
https://www.chuohoki.co.jp/
イラスト　みやいくみ
デザイン　高木達樹（しまうまデザイン）
印刷・製本　株式会社アルキャスト

定価はカバーに表示してあります。
ISBN978-4-8058-8749-3

本書の内容に関するご質問については、下記URLから「お問い合わせフォーム」に
ご入力いただきますようお願いいたします。
https://www.chuohoki.co.jp/contact/